Lernstrategien

MC-Techniken und Prüfungsrhetorik

www.medi-learn.de

Herausgeber:
MEDI-LEARN
Bahnhofstraße 26b, 35037 Marburg/Lahn

Herstellung:
MEDI-LEARN Kiel
Olbrichtweg 11, 24145 Kiel
Tel: 04 31/780 25-0, Fax: 04 31/780 25-29
E-Mail: redaktion@medi-learn.de, www.medi-learn.de

Anzeigenbetreuung:
Christian Weier, Olbrichtweg 11, 24145 Kiel
Tel: 04 31/780 25-0, Fax: 04 31/780 25-29
E-Mail: christian.weier@medi-learn.de

Autoren: Dr. Bringfried Müller, Vera Lippek
Verlagsredaktion: Dr. Waltraud Haberberger, Jens Plasger, Christian Weier, Tobias Happ
Layout und Satz: Stephanie Landskron, Svenja Grund, Thorben Kühl
Illustration: Daniel Lüdeling, Rippenspreizer.com
Lektorat: Thomas Brockfeld, Jan-Peter Wulf, Peter Wollny
Druck: Druckerei Wenzel, Marburg

1. Auflage 2006

ISBN: 3-938802-01-4

Wichtiger Hinweis für alle Leser

Die Medizin ist als Naturwissenschaft ständigen Veränderungen und Neuerungen unterworfen. Sowohl die Forschung als auch klinische Erfahrungen sorgen dafür, dass der Wissensstand ständig erweitert wird. Dies gilt insbesondere für medikamentöse Therapie und andere Behandlungen. Alle Dosierungen oder Angaben in diesem Buch unterliegen diesen Veränderungen.
Darüber hinaus hat das Team von MEDI-LEARN zwar die größte Sorgfalt in Bezug auf die Angabe von Dosierungen oder Applikationen walten lassen, kann jedoch keine Gewähr dafür übernehmen. Jeder Leser ist angehalten, durch genaue Lektüre der Beipackzettel oder Rücksprache mit einem Spezialisten zu überprüfen, ob die Dosierung oder die Applikationsdauer oder -menge zutrifft. **Jede Dosierung oder Applikation erfolgt auf eigene Gefahr des Benutzers**. Sollten Fehler auffallen, bitten wir dringend darum, uns darüber in Kenntnis zu setzen.

Vorwort

Liebe Leserinnen und Leser,
da ihr euch entschlossen habt, den steinigen Weg zum Medicus zu beschreiten, müsst ihr euch früher oder später sowohl gedanklich als auch praktisch mit den wirklich üblen Begleiterscheinungen dieses ansonsten spannenden Studiums auseinandersetzen, z.B. dem Physikum.

Mit einer durchschnittlichen Durchfallquote von ca. 25% ist das Physikum die unangefochtene Nummer eins in der Hitliste der zahlreichen Selektionsmechanismen.

Grund genug für uns, euch durch die vorliegende Skriptenreihe mit insgesamt 30 Bänden fachlich und lernstrategisch unter die Arme zu greifen. In unserem Band „Lernstrategien" erfahrt ihr alles, was für eine erfolgreiche Prüfungsvorbereitung wesentlich ist. Neben einer genauen Darstellung der Prüfungsformalien geht es um entscheidende Themen wie Lernstrategien, Zeitplanung, MC-Techniken und Prüfungsrhetorik. In den weiteren Fachbänden geht es dann um eure wissensmäßige Erleuchtung in den einzelnen Prüfungsfächern.

Aus unserer langjährigen Arbeit im Bereich professioneller Prüfungsvorbereitung sind uns die Probleme der Studenten im Vorfeld des Physikums bestens bekannt. Angesichts des enormen Lernstoffs ist zwar klar, dass nicht 100% jedes Prüfungsfachs gelernt werden können. Weit weniger klar ist dagegen, wie eine Minimierung der Faktenflut bei gleichzeitiger Maximierung der Prüfungschancen zu bewerkstelligen ist.

Mit der MEDI-LEARN Skriptenreihe zur Vorbereitung auf das Physikum haben wir dieses Problem für euch gelöst. Unsere Autoren haben durch die Analyse der bisherigen Examina den examensrelevanten Stoff für jedes Prüfungsfach herausgefiltert. Auf diese Weise sind Skripte entstanden, die eine kurze und prägnante Darstellung des Prüfungsstoffs liefern.

Um auch den mündlichen Teil der Physikumsprüfung nicht aus dem Auge zu verlieren, wurden die Bände jeweils um Themen ergänzt, die für die mündliche Prüfung von Bedeutung sind.

Zusammenfassend können wir feststellen, dass die Kenntnis der in den Bänden gesammelten Fachinformationen genügt, um das Examen gut zu bestehen.

Grundsätzlich empfehlen wir, die Examensvorbereitung in drei Phasen zu gliedern. Dies setzt voraus, dass man mit der Vorbereitung schon zu Semesterbeginn (z.B. im April für das Augustexamen bzw. im Oktober für das Märzexamen) startet. Wenn nur die Semesterferien für die Examensvorbereitung zur Verfügung stehen, sollte direkt wie unten beschrieben mit Phase 2 begonnen werden.

- **Phase 1:** Die erste Phase der Examensvorbereitung ist der **Erarbeitung des Lernstoffs** gewidmet. Wer zu Semesterbeginn anfängt zu lernen, hat bis zur schriftlichen Prüfung **drei Tage für die Erarbeitung jedes Skriptes** zur Verfügung. Möglicherweise werden einzelne Skripte in weniger Zeit zu bewältigen sein, dafür steht dann bei Bedarf mehr Zeit für andere Themen oder Fächer zur Verfügung. Während der Erarbeitungsphase ist es sinnvoll, einzelne Sachverhalte durch die punktuelle Lektüre eines Lehrbuchs zu ergänzen. Allerdings sollte sich diese punktuelle Lektüre an den in den Skripten dargestellten Themen orientieren!
  Zur **Festigung des Gelernten** empfehlen wir, bereits in dieser ersten Lernphase **themenweise zu kreuzen**. Während der Arbeit mit dem Skript (z.B. „Organische Chemie") sollen also auch schon Prüfungsfragen zu diesem Thema bearbeitet werden. Als Fragensammlung empfehlen wir in dieser Phase 2 die „Schwarzen Reihen". Die jüngsten drei Examina sollten dabei jedoch ausgelassen und für den Endspurt (= Phase 3) aufgehoben werden.

- **Phase 2**: Die zweite Phase setzt mit Beginn der Semesterferien ein. Zur **Festigung und Vertiefung des Gelernten** empfehlen wir, **täglich ein Skript zu wiederholen und parallel jeweils ein Examen zum betreffenden Fach/Thema zu kreuzen**. Während der Bearbeitung der Chemie und Biochemie (hierfür sind 9 Tage vorgesehen), empfehlen wir pro Tag jeweils ALLE Chemie und Biochemiefragen eines Examens zu kreuzen.
  Der Lernzuwachs durch dieses Verfahren wird von Tag zu Tag deutlicher erkennbar. Natürlich wird man zu Beginn der Arbeit im Fach Biochemie durch die tägliche Bearbeitung eines kompletten Examens mit Themen konfrontiert, die möglicherweise erst in den kommenden Tagen wiederholt werden. Dennoch ist diese Vorgehensweise definitiv sinnvoll, da die Vorab-Beschäftigung mit noch zu wiederholenden Themen deren Verarbeitungstiefe fördert.

- **Phase 3:** In der dritten und letzten Lernphase sollten **die aktuellsten Examina tageweise gekreuzt** werden. Praktisch bedeutet dies, dass im tageweisen Wechsel Tag 1 und Tag 2 der aktuellsten Examina bearbeitet werden sollen. Im Bedarfsfall können einzelne Prüfungsinhalte in den Skripten nachgeschlagen werden.

- Als **Vorbereitung auf die mündliche Prüfung** können die in den Skripten enthaltenen „Tipps für die Mündliche" repetiert werden.

Wir wünschen allen Leserinnen und Lesern viel Erfolg in der Prüfungsvorbereitung und natürlich im Examen!

Euer MEDI-LEARN-Team

1 Physikum – eine Definition des Grauens... 1

1.1 Prüfungsformen 1

1.1.1 Schriftlicher Teil ... 1

1.1.2 Mündlicher Teil ... 1

1.2 Anmeldung zur Prüfung 2

1.3 Rücktritt von der Prüfung 2

1.3.1 Rücktrittsfristen ... 2

1.3.2 Rücktritt aus Krankheitsgründen ... 2

1.4 Mitteilung der Prüfungsergebnisse 2

1.4.1 Bestehensgrenze ... 3

1.4.2 Notengrenzen ... 3

1.4.3 Gesamtnote ... 4

1.5 Widerspruch gegen die Prüfungsergebnisse 4

1.5.1 Fragenrügen ... 4

1.5.2 Einspruch gegen die mündliche Note ... 4

1.6 Alte und neue Approbationsordnung 4

1.6.1 Änderungen im vorklinischen Studienabschnitt ... 5

1.6.2 Gegenüberstellung alte und neue AO ... 6

2 Lernen wie die Profis 7

2.1 Richtige Stoffauswahl 7

2.1.1 Scannen ... 7

2.1.2 Schriftliches und mündliches Prüfungswissen – getrennte Welten? ... 8

2.2 Individuelle Zeitplanung – Was, wann, wie und wie viel...? 8

2.2.1 Grobplanung ... 9

2.2.2 Planung des Tagesablaufs ... 9

3 Gedächtnisgerechtes Lernen 10

3.1 Drei Schritte zum Wissen 10

3.2 Wie funktioniert unser Gedächtnis? 10
3.2.1 Das Lageristenmodell 10
3.2.2 Struktur als Strategie 11
3.2.3 Motivation als Motor 11
3.2.4 Dolmetschen für das Gedächtnis 11
3.2.5 Again and again: Wiederholen und Behalten 12

3.3 Alternative Potentiale nutzen: Mnemotechniken 12
3.3.1 Visuelles Gedächtnis 12
3.3.2 Akustisches Gedächtnis 13
3.3.3 Motorisches Gedächtnis 13
3.3.4 Episodisches Gedächtnis 15
3.3.5 Chunking 15
3.3.6 Icons und Attribute 16
3.3.7 Fazit 17

3.4 Qual der Wahl: Fachbücher 17

3.5 Einfach (!?) Lesen 18

3.6 Richtig kreuzen 19
3.6.1 Wissen versus Erfolg? 19
3.6.2 Perfektionismus und Faktenlawinen 19
3.6.3 Overload – wenn das Gedächtnis schwächelt 19

4 Spezialtraining für die schriftliche Prüfung 19

4.1 Selbsterfahrung versus System: Die Aufgabenbearbeitung 20
4.1.1 Immer schön der Reihe nach 20
4.1.2 Hund-Katze-Maus? – Alle Aussagen bewerten 20
4.1.3 Subito! – Lösungen sofort auf den Computerbogen übertragen 21
4.1.4 Übertragungsfehler – Was tun, wenn's doch passiert? 21
4.1.5 Besser gut geraten als gar nicht gekreuzt 21
4.1.6 Kein falscher Ehrgeiz – Nicht zu lange an einzelnen Aufgaben aufhalten 21
4.1.7 Zeitnot macht Grips tot – Auf das richtige Timing kommt es an 22
4.1.8 Pausen bringen Punkte 22
4.1.9 Ergebnis nicht kaputt korrigieren 22

4.2 „Ich bin ein Punkt! Holt mich hier raus!“ – MC-Techniken zur Steigerung der Ratewahrscheinlichkeit 23

4.2.1 Kein Zweifel: Nur eindeutige Aussagen erwünscht ... 24
4.2.2 Relativ richtig oder absolut falsch? Sprachliche Hinweise auf die richtige Lösung ... 24
4.2.3 Lügen haben kurze Beine Satzlänge als Lösungshinweis ... 25
4.2.4 Fifty-Fifty-Fragen: Ein testtheoretischer Exkurs zur Trennschärfe ... 26
4.2.5 Ähnliche Formulierung ... 26
4.2.6 Gegensätzliche Formulierung ... 27
4.2.7 Anders ist Trumpf ... 28
4.2.8 Lösungshinweis „Sicherheitsabstand“ ... 28
4.2.9 Synonyme für Prüfungserfolg ... 29
4.2.10 Ausgezählt! Statistische Ratehilfe ... 30

5 Effektive Vorbereitung auf die mündliche Prüfung 31

5.1 Prüfen und plauschen 31

5.2 Schein oder Sein? Die offiziellen und inoffiziellen Inhalte des Prüfungsgesprächs 32

5.3 Tasten und testen: Die Begrüßungsphase 32

5.3.1 Kleidung und äußere Erscheinung ... 32
5.3.2 Körperhaltung und Auftreten ... 33

5.4 Sauber starten: Das „Warming-up“ 33

5.4.1 Sprechtempo kontrollieren ... 33
5.4.2 Antworten sinnvoll strukturieren ... 34
5.4.3 Mit Pausen richtig umgehen ... 34
5.4.4 Laut und deutlich sprechen ... 35

5.5 Die heiße Phase: Das „Frage-Antwort-Spiel“ 35

5.5.1 Antworten sinnvoll strukturieren ... 35
5.5.2 Das Prüfungsgespräch steuern ... 35
5.5.3 Antwortspielräume ausbauen ... 36
5.5.4 Sich auf den Prüfer einstellen ... 36
5.5.5 Mut zur Lücke ... 37

Schlusswort 38

Index 39

1 Physikum - eine Definition des Grauens...

Die Medizin ist sicherlich eines der interessantesten, gleichzeitig aber auch anspruchsvollsten Studienfächer überhaupt. Zwischen Studienbeginn und ärztlicher Tätigkeit lauern jedoch einige tückische Unwägbarkeiten in Gestalt der beiden medizinischen Staatsexamina. Dabei ist das Physikum die erste große Hürde im Medizinstudium und mit einer bundesweiten Durchfallquote von knapp 25% für die meisten Studenten der Stoff, aus dem die Alpträume sind.
Da es stets von Vorteil ist, seine Gegner zu kennen, hier eine kurze Definition dieses Grauens.

1.1 Prüfungsformen

Für Studierende, die zum Wintersemester 2003 ihr Studium begonnen haben, gilt die neue Approbationsordnung (= AO). Studierende, die vorher begonnen haben, können noch bis einschließlich Frühjahr 2006 das Physikum nach alter AO ablegen.
Die neue AO unterscheidet sich im Wesentlichen nur durch den Inhalt und die Gewichtung des mündlichen Prüfungsteils von der bisherigen AO: Neuerdings werden statt einer Auswahl von zwei der vier Fächer Anatomie, Physiologie, Biochemie und Psychologie/Soziologie immer die drei Fächer Anatomie, Physiologie und Biochemie geprüft. Die mündliche Note geht dann zur Hälfte – statt wie bisher zu einem Drittel – in die Gesamtnote ein. Eine mangelhafte Leistung in einem Teilbereich kann nicht mehr durch eine gute Leistung in dem anderen Teilbereich ausgeglichen werden. Dafür muss aber auch nur noch der nicht bestandene Teil wiederholt werden, statt wie bisher beide Teile. Im Folgenden ist die Prüfung nach neuer AO dargestellt.

1.1.1 Schriftlicher Teil

Der schriftliche Teil des Examens verteilt sich auf zwei Prüfungstage und wird im Multiple-Choice-Verfahren (= Antworten zum Ankreuzen) deutschlandweit einheitlich durchgeführt.

- Am ersten Tag werden mit 160 Fragen die Fächer Chemie, Biochemie, Physik und Physiologie geprüft, wobei eine Bearbeitungszeit von 4 Stunden – also 1,5 Minuten pro Frage – zur Verfügung steht.
- Am zweiten Tag stehen mit ebenfalls 160 Fragen die Fächer Anatomie (inkl. Histologie), Biologie und Psychologie/Soziologie auf dem Plan. Auch hier beträgt die Bearbeitungszeit 4 Stunden.

Insgesamt ist der Fragenanteil der „großen" Fächer Anatomie (80), Biochemie (60), Physiologie (60) und Psychologie/Soziologie (60) deutlich umfangreicher als der der „kleinen" Grundlagenfächer Physik, Chemie und Biologie (je 20 Fragen).
Um Täuschungsversuche im Keim zu ersticken, wird jeweils mit zwei Klausurversionen gearbeitet. Dabei sind die Fragen zwar identisch, erscheinen in den Prüfungsheften aber in unterschiedlicher Reihenfolge.

Übrigens...

- Außer Naturalien zur Aufrechterhaltung des Blutzuckerspiegels (Schokolade, O-Saft) sind KEINE weiteren Hilfsmittel (Taschenrechner, Handys etc.) erlaubt.
- Im schriftlichen Teil unterscheiden sich alte und neue AO NICHT wesentlich.

1.1.2 Mündlicher Teil

Gegenstand der mündlichen Physikumsprüfungen sind die Fächer Physiologie, Anatomie (inkl. Histologie) und Biochemie. Pro Termin werden maximal vier Prüflinge von einer mehrköpfigen Kommission geprüft. Die Prüfungskommission besteht aus einem Vorsitzenden und mindestens zwei, höchstens drei weiteren Mitgliedern. Alle Kommissionsmitglieder sind Professoren oder andere Lehrkräfte der Fächer, die Gegenstand der Prüfung sind.
Im Rahmen der mündlichen Prüfung nach der neuen AO wird jeder einzelne Kandidat in den Fächern Anatomie, Biochemie und Physiologie geprüft. Die Prüfung dauert bei maximal 4 Prüflingen mindestens 45 und höchstens 60 Minuten je Prüfling.
Nach Abschluss der Prüfung und einer kurzen Beratungspause gibt die Kommission die Noten bekannt. Die mündliche Prüfung ist bestanden, wenn der Prüfling mindestens die Note „ausreichend" erhalten hat.

1.2 Anmeldung zur Prüfung

Sobald man die erforderlichen Scheine und sonstige Nachweise ergattert hat, kann man sich beim zuständigen Prüfungsamt zum Physikum anmelden. Für die Physikumsprüfung gibt es pro Jahr zwei Termine: Frühjahr (März) und Herbst (August). Entsprechend liegen die Anmeldetermine am:

- 10.1. für das März-Examen und
- 10.6. für das August-Examen.

Anmeldungen, die nach dem offiziellen Meldeschluss eingehen, werden nicht mehr akzeptiert.

Übrigens...

Für diejenigen, die bei ihrer Anmeldung nicht alle erforderlichen Scheine dabei hatten, gibt es eine Nachreichfrist. Diese Fristen werden von den Prüfungsämtern vor Ort festgelegt.

1.3 Rücktritt von der Prüfung

Wer bis zum Ende der Nachreichfrist entweder seine Anmeldung (schriftlich!) zurückzieht oder nicht alle erforderlichen Scheine vorlegt, kann nicht zur Prüfung antreten. Eine zurückgezogene Anmeldung oder die Nichtzulassung zur Prüfung haben keine weiteren Folgen, d.h. sie werden nicht als Prüfungsversuch gewertet. Dies ist kein unwichtiges Detail, denn immerhin hat man insgesamt nur 3 Versuche!

Wer innerhalb der Nachreichfrist seine Anmeldung zur Prüfung nicht zurückgenommen und alle erforderlichen Zulassungsbedingungen erfüllt hat, wird nach Ablauf der Nachreichfrist zugelassen.

1.3.1 Rücktrittsfristen

Ca. 3-4 Wochen vor dem **schriftlichen Teil der Prüfung** wird die Zulassung offiziell schriftlich bestätigt. Daher sollte man sicherstellen, dass unter der angegebenen Zustelladresse auch wirklich jemand erreichbar ist.

Übrigens...

Ab Zustellung der Zulassung kann ein Rücktritt von der Prüfung oder eine Befreiung von der Zulassung nur aus wirklich wichtigem Grund erfolgen. Wer diesen Schritt in Erwägung zieht, sollte sich sicherheitshalber (z.B. anwaltlich) beraten lassen.

10-14 Tage vor dem **mündlichen Physikum** werden an den meisten Unis die Ladungen für diesen Prüfungsteil per Einschreiben an die Prüflinge verschickt. Ein folgenloser Rücktritt von der Prüfung ist jetzt ebenfalls nur noch aus wichtigem Grund möglich.

1.3.2 Rücktritt aus Krankheitsgründen

Am häufigsten wird ein Rücktritt von der Prüfung mit Krankheit begründet. Als Allererstes sollte in diesem Fall das Landesprüfungsamt telefonisch informiert werden. Außerhalb der Geschäftszeiten kann eine entsprechende Nachricht auf dem Anrufbeantworter hinterlassen werden. Eine anschließende **schriftliche Rücktrittserklärung** ist allerdings in jedem Fall erforderlich.

Beim Rücktritt aus Krankheitsgründen ist zu beachten, dass alle Prüfungsämter hierfür ein ärztliches, die meisten Ämter sogar ein amtsärztliches Attest verlangen. Nach neuer AO kann das Attest sogar durch einen vom Landesprüfungsamt benannten beliebigen Arzt gefordert werden. Betroffene sollten daher zunächst ihren Hausarzt aufsuchen. Stellt dieser fest, dass eine Prüfungsteilnahme aus gesundheitlichen Gründen nicht möglich ist, sollte man sich umgehend mit dem Prüfungsamt in Verbindung setzen, um das weitere Vorgehen zu klären, da die abschließende Entscheidung über die krankheitsbedingte Prüfungsunfähigkeit ALLEIN das Landesprüfungsamt trifft.

Übrigens...

Im Fall eines positiven Bescheids gilt der Prüfungsabschnitt oder der Prüfungsteil als nicht unternommen. Wird dagegen trotz eines ärztlichen Attests der Rücktritt nicht akzeptiert, gilt der Prüfungsteil als nicht bestanden.

1.4 Mitteilung der Prüfungsergebnisse

3-4 Wochen nach der schriftlichen Prüfung werden die Prüfungsergebnisse den Kandidaten per Post zugestellt. Nichts für schwache Nerven, aber dennoch verständlich, wenn man das Procedere kennt:

In der Zeit zwischen der Prüfung und der Bekanntgabe der offiziellen Ergebnisse werden die Fragen vom IMPP anhand der Itemstatistiken (u.a. Trennschärfe und Schwierigkeitsgrad) und aufgrund kritischer Rückmeldungen nochmals überprüft. Wenn dabei auffällt, dass eine Frage fehlerhaft ist, wird sie aus der Wertung genommen, so dass erst relativ spät die mathematische Basis für die Berechnung der Bestehensgrenze gegeben ist.
Wer darauf nicht warten will oder kann, orientiert sich an der MEDI-LEARN-Examensauswertung, die taggleich zur schriftlichen Prüfung online unter der Adresse www.medi-learn.de abrufbar ist.

Übrigens...

Mit einer durchschnittlichen Übereinstimmung zum IMPP von 99% werden die MEDI-LEARN Ergebnisse in Studentenkreisen seit Jahren als „quasi-offiziell" gehandelt.

1.4.1 Bestehensgrenze

Das schriftliche Physikum ist ab der Note 4 bestanden. Die hierfür zu erreichende Punktzahl variiert jedoch von Prüfung zu Prüfung. Eine feste Bestehensgrenze, die für jedes Physikum gilt, gibt es nämlich nicht. Sie wird in jedem Examen neu berechnet und steht daher immer erst nach Bekanntgabe der offiziellen Ergebnisse fest.
Ursache hierfür ist die Gleitklausel, die zweierlei besagt: Die schriftliche Prüfung ist dann bestanden,

1. wenn mindestens 60 von Hundert der gestellten Prüfungsfragen richtig beantwortet wurden, also 60% der gestellten Prüfungsfragen korrekt beantwortet sind, **oder**
2. wenn die Zahl der richtig beantworteten Fragen um nicht mehr als 22 von Hundert die durchschnittlichen Prüfungsleistungen derjenigen Prüflinge unterschreitet, die nach der Mindeststudienzeit erstmals an der Prüfung teilgenommen haben. Man darf also höchstens 22% unter dem Durchschnitt der Erstschreiber nach dem vierten Semester liegen. Alles klar?

Da sich die durchschnittlichen Prüfungsleistungen dieser pünktlichen Erstschreiber nicht vorhersagen lässt, steht auch die Bestehensgrenze im Vorfeld des Physikums nicht fest.

Übrigens...

In der jüngsten Vergangenheit (Frühjahr 2000 bis Frühjahr 2005) lagen die Bestehensgrenzen zwischen 158 und 175 Punkten (= richtig gelösten Fragen).

1.4.2 Notengrenzen

Wie so Vieles im Leben der Medizinstudenten regelt auch diesen Teil die Approbationsordnung. Diese besagt, dass

- es im Physikum die Traumnote 1 gibt, wenn man die Bestehensgrenze erreicht und darüber hinaus mindestens 75% der noch verbleibenden Fragen richtig beantwortet hat.
- man auf eine 2 stolz sein darf, wenn man nach Erreichen der Bestehensgrenze zwischen 50 und 75% der noch verbleibenden Fragen richtig gelöst hat.
- man befriedigt nach Hause gehen darf, wenn man nach Erreichen der Bestehensgrenze zwischen 25 und 50% der noch verbleibenden Fragen richtig gelöst hat (= Note 3).
- man das schriftliche Physikum in der Tasche hat, wenn man die Bestehensgrenze erreicht oder weniger als 25% der noch verbleibenden Fragen richtig gelöst hat (= Note 4).
- die gezeigte Leistung mangelhaft war, wenn man die Bestehensgrenze nicht erreicht hat und weniger als 10% richtig gelöste Fragen zum Erreichen der Bestehensgrenze fehlen (= Note 5).
- die gezeigte Leistung ungenügend war, wenn 10% oder mehr richtige Fragen zum Erreichen der Bestehensgrenze fehlen (= Note 6).

Im Klartext:
Bei einer Bestehensgrenze von 160 Punkten (bei insgesamt 320 gewerteten Fragen) würde man die

- Note 1 ab 280 Punkten,
- Note 2 von 240 bis 279 Punkten,
- Note 3 von 200 bis 239 Punkten,
- Note 4 von 160 bis 199 Punkten,
- Note 5 von 144 bis 159 Punkten und
- Note 6 bei unter 144 Punkten

erhalten.

1.4.3 Gesamtnote

In die Physikumsgesamtnote fließt das Ergebnis des schriftlichen und mündlichen Teils gleich gewichtet ein. Dennoch kann eine mangelhafte Note in einem Prüfungsteil nach neuer AO nicht mehr durch eine gute Leistung in dem jeweils anderen Prüfungsteil ausgeglichen werden.

Der mangelhafte oder ungenügende Prüfungsteil muss wiederholt werden.
Jeder Prüfungsteil kann dabei zweimal wiederholt werden. Eine weitere Wiederholung ist auch nach erneutem Medizinstudium NICHT zulässig. Ein bestandener Prüfungsteil darf nicht wiederholt werden. Die zuständige Stelle hat den Prüfling zur Wiederholung eines Prüfungsabschnittes oder eines Prüfungsteils im nächsten Prüfungstermin von Amtswegen zu laden.

1.5 Widerspruch gegen die Prüfungsergebnisse

Ist man mit seinem Prüfungsergebnis unzufrieden, so stehen als Widerspruchsmöglichkeiten

- die Rüge und
- der Einspruch

zur Verfügung.

1.5.1 Fragenrügen

Medizinerprüfungen haben eine Besonderheit: Das Multiple-Choice-System.
Erfahrungsgemäß unterlaufen jedoch selbst den Fragefüchsen vom IMPP regelmäßig kleine Fauxpas in Form von fehlerhaft gestellten Aufgaben. Fehlen bei einer Prüfung nicht mehr als 1–2 Punkte zum Erreichen der Bestehensgrenze oder der nächst höheren Notenstufe, sollte man einen Widerspruch in Erwägung ziehen, um sich alle Chancen für eine nachträgliche Punktegutschrift offen zu halten.
Das Bundesverfassungsgericht hat darüber hinaus in einer sehr weitreichenden Entscheidung aus dem Jahre 1991 festgestellt, dass Studenten einen *Antwortspielraum* haben. Danach muss eine Frage gutgeschrieben werden, wenn man beweisen kann, dass die eigene Lösung neben derjenigen des IMPP richtig ist.
Maßstab ist hier die Ausbildungsliteratur, wobei in der Regel ein Standardwerk (in der Anatomie z.B. der Atlas von Netter) ausreicht.

Übrigens...

Hinweise auf strittige Fragen als Basis für eventuelle Fragenrügen findet man während und nach der MEDI-LEARN-Examensauswertung online in den entsprechenden Foren unter der Adresse: www.medi-learn.de/foren.

1.5.2 Einspruch gegen die mündliche Note

Wer die mündliche Prüfung nicht besteht oder mit dem Notenergebnis nicht einverstanden ist, sollte am Ende der Prüfung den Prüfer um Erläuterung bitten. Dieser ist **verpflichtet**, daraufhin die Stärken und Schwächen des Kandidaten im Prüfungsgespräch einzeln darzulegen. Darüber hinaus ist er **gehalten**, insbesondere zu begründen, warum man eine bestimmte (schlechte) Note erhalten oder nicht bestanden hat.
Wird dies verweigert, sollte man sich sofort schriftlich an das Prüfungsamt wenden. Gibt es nämlich keine Begründung, ist die Prüfungsentscheidung aufzuheben und man hat einen neuen Versuch.

Übrigens...

Grundlage für die Erläuterung des Prüfers ist das Prüfungsprotokoll, das von jeder Prüfung angefertigt werden muss. Hierfür ist zwingend vorgeschrieben, dass die einzelnen Themengebiete, Leistungen, Stärken und Schwächen der Kandidaten notiert werden. Im Streitfall ist das Prüfungsprotokoll daher unter Umständen ein wertvolles Dokument.

1.6 Alte und neue Approbationsordnung

Der wesentliche Unterschied zwischen alter und neuer AO besteht darin, dass die bisher vier großen Examina (Physikum, 1., 2. und 3. Staatsexamen) zu nur noch zwei großen Prüfungen zusammengefasst werden.
Während der Erste Abschnitt der Ärztlichen Prüfung weitgehend mit dem bisherigen Physikum übereinstimmt, ist der neue Zweite Abschnitt der Ärztlichen Prüfung (im Volksmund „Hammerexamen") eine völlig neue Kreation.
Von der neuen Approbationsordnung betroffen sind alle, die ihr Medizinstudium am 1. Oktober 2003 und später begonnen haben.
Für diejenigen, die ihr Studium **vor** diesem Termin aufgenommen haben, gelten folgende Übergangsregelungen:

Wer bis zum 1. Oktober 2003
- sein Studium aufgenommen, aber bislang noch kein Physikum gemacht hat, darf dieses bis zum 1. April 2006 nach alter Ordnung ablegen, muss aber danach nach der neuen ÄAppO weiterstudieren.
- bereits das Physikum, aber noch nicht das 1. Staatsexamen bestanden hat, konnte dieses bis zum 1. Oktober 2005 nachholen, muss dann aber das neue Endexamen (= Zweiter Abschnitt der Ärztlichen Prüfung) machen.
- das 1. Staatsexamen bestanden hat, kann bis zum 1. Oktober 2006 das 2. Staatsexamen in der bisherigen Form ablegen und darf bis zum Schluss nach der alten ÄAppO studieren. Wer bis zu diesem Termin das 2. Staatsexamen NICHT bestanden hat, muss dagegen nach der neuen Verordnung weitermachen.
- das 2. Staatsexamen absolviert hat, darf nach alter ÄAppO fertig studieren.

1.6.1 Änderungen im vorklinischen Studienabschnitt

Nach frühestens 4 Semestern findet künftig der Erste Abschnitt der Ärztlichen Prüfung statt. Dieser entspricht im schriftlichen Teil dem bisherigen Physikum. Allerdings ersetzt im mündlichen Prüfungsteil eine mündlich-praktische Prüfung in den Fächern Anatomie, Physiologie und Biochemie/Molekularbiologie die bisherige Zufallskombination zweier Fächer. Dafür entfällt die medizinische Psychologie/Soziologie als mündliches Prüfungsfach.

Ebenso wie im bisherigen Physikum gibt es im Ersten Abschnitt der Ärztlichen Prüfung nach neuer AO insgesamt 3 Prüfungsversuche. Anders als bisher muss allerdings bei Nicht-Bestehen eines der beiden Prüfungsteile nur noch der betroffene Prüfungsteil wiederholt werden.

Übrigens...

Auch wenn nur ein Prüfungsteil wiederholt wird, gilt dies als ganzer Prüfungsversuch.

Nach der neuen Regelung entfällt der bisher mögliche Notenausgleich. Demnach können mangelhafte Einzelergebnisse (= Note 5 in einem der Prüfungsteile) NICHT mehr durch eine gute Note (= 2) im anderen Prüfungsteil ausgeglichen werden.

Schließlich ändert sich auch die Gewichtung der beiden Prüfungsteile (mündlich-schriftlich) zueinander, die ab jetzt gleich gewertet werden (bisher 2:1 zugunsten des schriftlichen Prüfungsteils).

In die Gesamtnote am Ende des Studiums geht von nun an das Ergebnis des Ersten Abschnitts der Ärztlichen Prüfung mit einem Drittel ein. Damit werden vorklinische Lerninhalte ab sofort stärker gewichtet als bisher.

1.6.2 Gegenüberstellung alte und neue AO

Ärztliche Vorprüfung („Physikum alt")	Erster Abschnitt der Ärztlichen Prüfung („Physikum neu")
mündlich: • 2 Fächer aus den 4 Fächern Physiologie, Biochemie, Anatomie, Med. Psychologie/Soziologie • 45–60 Min. je Prüfling **schriftlich:** • 2 Tage mit insgesamt 320 MC-Fragen • Physik + Physiologie = 80 Fragen • Chemie + Biochemie = 80 Fragen • Biologie + Anatomie = 100 Fragen • Med. Psychologie/Soziologie = 60 Fragen Eine 5 in einem Prüfungsteil kann durch eine 2 im jeweils anderen Teil ausgeglichen werden – ansonsten müssen beide Teile wiederholt werden. **Physikumsnote:** • 1/3 mündlich, 2/3 schriftlich	**mündlich:** • die 3 Fächer Physiologie, Biochemie/Molekularbiologie und Anatomie • 45–60 Min. je Prüfling **schriftlich:** • 2 Tage mit insgesamt 320 MC-Fragen • Physik + Physiologie = 80 Fragen • Chemie + Biochemie = 80 Fragen • Biologie + Anatomie = 100 Fragen • Med. Psychologie/Soziologie = 60 Fragen Eine 5 in einem Prüfungsteil kann NICHT ausgeglichen werden. Es muss aber nur noch der nicht bestandene Teil wiederholt werden. **Physikumsnote:** • ½ mündlich, ½ schriftlich

Tabelle 1: Unterschiede in der Vorklinik

alt	neu
• mindestens 6 Semester • **unbenotete Scheine** in 24 Fächern sowie erstes und zweites Staatsexamen	• mindestens 6 Semester • **benotete Scheine** in insgesamt 34 Fächern und 5 Blockpraktika, 1 Wahlfach

Tabelle 2: Unterschiede in der Klinik

alt	neu
• Innere + Chirurgie + Wahlfach • Zulassungsvoraussetzung: altes erstes und zweites Staatsexamen"	• Innere + Chirurgie + Wahlfach (jetzt auch Allgemeinmedizin möglich) • Zulassungsvoraussetzung: Vorlage der benoteten Scheine

Tabelle 3: Unterschiede im PJ

alt	neu
Erster Abschnitt der Ärztlichen Prüfung (= altes „Erstes") • **nur schriftlich**, 290 MC-Fragen aus 11 Fächern	entfällt
Zweiter Abschnitt der Ärztlichen Prüfung (= altes „Zweites") • **schriftlich:** 4 Tage, 580 MC-Fragen aus 24 Fächern • **mündlich:** 1 Tag, je 45–60 Min. je Prüfling in 2 beliebigen klinischen Fächern	**Zweiter Abschnitt der Ärztlichen Prüfung** (= neues „Zweites"/Hammerexamen) • **schriftlich:** 3 Tage (à 5 Std.), 320 MC-Fragen aus allen Fachgebieten der Medizin • **mündlich:** 2 Tage, je 45-60 Min. je Prüfling in Innere Medizin, Chirurgie, PJ-Wahlfach und zusätzlichem Fach
Dritter Abschnitt der Ärztlichen Prüfung (= altes „Drittes") • **nur mündlich**, 1 Std. je Prüfling in Innere Medizin, Chirurgie, PJ-Wahlfach und 4. Fach	entfällt
Gesamtnote: 1/6 Stex 1 + 3/6 Stex 2 + 2/6 Stex 3	**Gesamtnote:** 1/3 neues Physikum + 2/3 neues Stex 2, ALLE benoteten Scheine erscheinen im Zeugnis.

Tabelle 4: Unterschiede in den klinischen Prüfungen

2 Lernen wie die Profis

„Ich weiß, dass ich nichts weiß…"
Dieses resignierende Fazit ist häufig die magere Ausbeute einer wochenlangen, nervenaufreibenden Prüfungsvorbereitung.
Nebulöse Vorstellungen vom richtigen Weg zum Prüfungserfolg erzeugen Unsicherheit und Zweifel über das Was, Wann und Wie des Lernens, und nicht selten werden lernstrategische Entscheidungen willkürlich, ja geradezu wahllos getroffen, frei nach dem Motto: „Vorwärts und nicht(s) vergessen…"
So lässt man sich treiben – von Fach zu Fach, von Thema zu Thema, bis der herangerückte Prüfungstermin diesem Treiben ein jähes Ende bereitet.
Was am Ende bleibt, ist der sprichwörtliche Mut zur Lücke, der sich in der Prüfung leider rasch verflüchtigt, während die Lücke in unschöner Deutlichkeit bleibt.
Trotz dieses Szenarios ist die Lage keineswegs hoffnungslos, denn: Man muss kein Überflieger sein, um sich eine realistische Bestehenschance zu erarbeiten. Eine sinnvolle Stoffauswahl, eine individuell angemessene Lern- und Zeitplanung sowie das Beherzigen lernpsychologischer Erkenntnisse sind eine sichere Basis für den angepeilten Erfolg.

2.1 Richtige Stoffauswahl

Angesichts der enormen Stofffülle können logischerweise nicht 100% eines Prüfungsfachs gelernt werden. Um Aufwand und Nutzen in ein sinnvolles Verhältnis zu stellen, empfiehlt es sich daher, zunächst den **relevanten Prüfungsstoff** zu isolieren. Dazu durchforstet man die Themen der vergangenen 5–10 Examina unter dem Aspekt der Prüfungsrelevanz.

MERKE:
Nur was gefragt wird, wird gelernt.

Während einige Themen die Studenten regelmäßig und in hoher Fragenzahl beglücken, gibt es daneben auch exotische Findlinge, die nur gelegentlich geprüft werden. Diese Tatsache muss sich auch bei der **Stoffgewichtung** niederschlagen. Häufig Gefragtes sollte anteilig sehr viel ausführlicher behandelt werden als weniger gefragte Randgebiete.

2.1.1 Scannen

Dieser Begriff, der den Freunden des Raumschiffs Enterprise nur allzu geläufig sein dürfte, bezeichnet ein überaus effektives Verfahren, um aus der Unzahl von Fachinformationen das erforderliche Prüfungswissen herauszufiltern.

Man nehme eine thematisch schon vorsortierte Fragensammlung (Schwarze Reihe) und markiere mit einem Textmarker zunächst das Stichwort, um das es in der Frage geht.
Ausgehend von der angegebenen Lösung markiert man anschließend sämtliche Richtigaussagen: Bei „Trifft-zu-Fragen" markiert man also die eine richtige Aussage, bei „Trifft-nicht-zu-Fragen" werden die vier richtigen Aussagen gekennzeichnet.
Das Ergebnis ist eine genaue und hochgradig prüfungsrelevante Stoffsammlung und – vor allem – Stoffreduzierung, denn ihr werdet feststellen, dass zu bestimmten Stichworten immer wieder dasselbe gefragt wird.
Für die Leser der vorliegenden Skriptenreihe haben die jeweiligen Autoren diesen Arbeitsschritt bereits erledigt, indem sie die vergangenen Examina unter dem Aspekt der thematischen Relevanz analysiert haben. Herausgekommen ist die verblüffende Erkenntnis, dass sich die Prüfungsinhalte kaum verändern. Damit sind nicht etwa die Altfragen gemeint, also Fragen aus vergangenen Examina, die in unverändertem Wortlaut erneut gestellt werden. Der Anteil an Altfragen pro Examen ist nämlich eher gering. Neue Prüfungsfragen werden jedoch meist aus den **Inhalten von Altfragen** kreiert, d.h., sie werden umformuliert und mit neuen Distraktoren (Falschantworten) versehen. Daher existiert ein recht hoher Anteil an Alt*fakten*, die sich in rund 80–90% der Examensfragen wiederfinden.

Die genaue Analyse der Examina Herbst 2002 bis Frühjahr 2004 ergab z.B. für das Fach Psychologie (nach der weitreichenden Änderung des Gegenstandskatalogs im Jahr 2002), dass pro Prüfungstermin durchschnittlich nur 6 neue Inhalte abgeprüft werden. Das sind mit 6 von 60 Fragen gerade mal 10 Prozent. Die übrigen 54 Fragen enthielten Inhalte, die in ähnlicher Form bereits in vergangenen Examina geprüft wurden.

Leider lassen sich die Inhalte der jeweils zu 10% neuen Prüfungsthemen kaum vorhersagen. Daher ist es sinnvoll, sich beim Lernen auf die kalkulierbaren 90% zu konzentrieren.
Für andere Fächer gelten ähnliche Verhältnisse.

Übrigens...

Sollte kurz vor der Prüfung noch Zeit übrig sein, kann man diese – gewissermaßen als Kür – zur Lektüre aktueller in der Tagespresse diskutierter Themen nutzen.

2.1.2 Schriftliches und mündliches Prüfungswissen – getrennte Welten?

Viele Studenten bemängeln, dass das erforderliche Wissen für die schriftliche und mündliche Prüfung nicht oder nur wenig übereinstimmt und somit doppelt gelernt werden muss.
Aus unserer Sicht trifft dies allerdings nicht ganz zu. Unsere jahrelange Fragenanalyse mündet in das unpopuläre Fazit, dass **ein großer Teil dessen, was das IMPP fragt, gleichzeitig auch für das mündliche Prüfungsgespräch geeignet ist.** Ein kleinerer Teil der Fragen ist knifflig und ein ganz geringer Teil auch strittig, weil Aufgaben entweder zweideutig formuliert sind oder auf Inhalte abzielen, die erst in einem späteren Studienabschnitt gelehrt werden.
Es ist unstrittig, dass in den Fragen des schriftlichen Examens Begriffe verwendet werden, die tatsächlich bis in die Randbereiche des medizinischen Wissens reichen. Bei genauerer Betrachtung werden sie jedoch NICHT für die Lösung der Aufgabe vorausgesetzt.
Folgt man den Erfahrungsberichten (leid-)geprüfter KommilitonInnen oder erinnert man sich an eigene Prüfungen, gewinnt man zwangsläufig den Eindruck, der überwiegende Anteil der Fragen sei spitzfindig, hochkompliziert und einfach unfair! Zeigarnik sei Dank entpuppen sich jedoch solche Wahrnehmungen meist als Zerrbild der Realität.

Übrigens...

Der in der Psychologie bekannte Zeigarnik-Effekt beschreibt die Tatsache, dass wir **unerledigte Dinge** besonders gut und lange behalten. Demzufolge behalten wir diejenigen Prüfungsfragen am besten, die wir NICHT beantworten konnten und überliefern sie in nicht gerade ermutigenden Erfahrungsberichten der Nachwelt. Dass ein ungebührlicher Schwierigkeitsgrad der gestellten Fragen ursächlich für unser Nicht-Wissen war, ist dabei eine zur Aufrechterhaltung unseres Selbstbewusstseins notwendige Annahme.

Entgegen solcher „Frontberichte" fällt jedoch sicher niemand durch, nur weil er bei exotischen Themen oder spitzfindigen Fragestellungen passen muss. Betrachtet man nämlich den Wissensschatz, der ausreicht, um das schriftliche Examen sicher zu bestehen, so umfasst dieser in erster Linie **Grundlagen** und die **Kenntnis großer Zusammenhänge,** wie sie auch in mündlichen Prüfungen immer wieder gefragt werden. Trotz dieser Tatsachen wird insbesondere in Bezug auf das Prüfungsgespräch immer wieder eine hemmungslose Prüferwillkür beklagt, der selbst gut vorbereitete Kandidaten zum Opfer fallen. Doch die Tatsache, dass die mündlichen Prüfungen bundesweit um etwa eine Note besser bewertet werden als die schriftlichen, lässt die Wahrscheinlichkeit, von einem besonders harten Prüfer rausgeprüft zu werden, doch eher gering erscheinen.

2.2 Individuelle Zeitplanung – Was, wann, wie und wie viel...?

In kaum einem anderen Bereich der Prüfungsvorbereitung gibt es derart viele unterschiedliche Auffassungen. Ob genial-chaotisches Laisser-faire oder das Arbeiten nach festen Größen wie Aufnahmefähigkeit und Biorhythmus: Individualität als Lernprinzip verheißt nur dann Erfolg, wenn sie Teil eines durchdachten Systems ist.
Wer das Etappenziel der prüfungsrelevanten Stoffauswahl und –eingrenzung erreicht hat, sollte sich daher der Erstellung eines geeigneten Zeitplans widmen. Dabei sollten die individuelle Zeitkapazität und tatsächliche Lernleis-

tung ebenso Berücksichtigung finden wie die Gewichtung der vorgesehenen Arbeitszeit nach Prüfungsschwerpunkten.

2.2.1 Grobplanung

Für die grobe Zeitplanung eignet sich ein Kalender, auf dem als Eckdaten zunächst das Datum des Lernbeginns und der Examenstermin eingetragen werden.

Um realistisch zu bleiben, werden im nächsten Schritt sämtliche Tage, an denen man nicht lernen kann oder will, gestrichen. Dabei sind Job- und Semesterverpflichtungen eine ebenso abzugsfähige Größe wie der Geburtstag von Tante Berta oder der erfahrungsgemäß verkaterte Tag nach der Party beim besten Kumpel. Ein schlechtes Gewissen ist dabei völlig deplatziert, denn: Bei einer langfristig angelegten Prüfungsvorbereitung sind Pausen als Energiequelle und Zwischenmotivation unerlässlich und – so unglaublich das klingen mag – leistungssteigernd.

Die Erfahrung zeigt, dass ein Plan ohne vorgesehene Pausen so gut wie nie eingehalten wird. Früher oder später nimmt sich jeder seine unvermeidbare Auszeit, deren Erholungswert wegen des prompt einsetzenden schlechten Gewissens jedoch gegen Null tendiert.

Sollte allerdings unvorhergesehenerweise geplante Lernzeit entfallen, muss neu disponiert werden. Je nach Wichtigkeit des betroffenen Themas, kann dieses auf die noch verbleibende Lernzeit verteilt oder – bei nur geringem Fragenanteil in der Prüfung – einfach gestrichen werden. Achtung: Dieses Vorgehen sollte nur die Ausnahme sein!

Übrigens...

Wer unsere Ausführungen zur individuellen Zeitplanung zwar überzeugend findet, jedoch den damit verbundenen Aufwand scheut, sei auf unseren interaktiven Lernplaner hingewiesen: www.medi-learn.de/planer.
Hier braucht ihr nur noch den Examenstermin und die maximale tägliche Lernzeit einzutragen – et voilà!

2.2.2 Planung des Tagesablaufs

Um dem stets lauernden Schlendrian keine Chance zu geben, sollten bei der Planung des Tagesablaufs **feste Zeiten** eingerichtet werden. Als realistischer Richtwert für ein konzentriertes Arbeiten kann eine Zeit von ca. 6-8 Stunden täglich angenommen werden. Wichtig ist dabei, dass **ausreichend Pausen** eingeplant werden. Etwa stündlich sollte man sich einen Break von 10 Minuten gönnen – länger ist nicht nötig, da der Erholungswert zu Pausenbeginn am größten ist. Nach ca. 3 Stunden Lernzeit brauchen Körper und Geist dann eine längere Pause zum Regenerieren.

Bei der Verteilung der einzelnen Lerntätigkeiten auf die tägliche Arbeitszeit sollten physiologische Einschränkungen unbedingt berücksichtigt werden:

- Maximal 3-4 Stunden täglich können mit Lernen, d.h. der Aufnahme neuer Informationen verbracht werden, da diese Tätigkeit ein hohes Maß an Konzentration erfordert. Entsprechend sollte das Lernen in leistungsstarken Phasen (in der Regel am Vormittag und am späten Nachmittag) erfolgen.
- Die übrige Zeit sollte für Lerntätigkeiten verwandt werden, die weniger beanspruchend sind, wie z.B. Fragenkreuzen.
- In den Abendstunden kann Zeit zum Üben für die mündliche Prüfung eingeplant werden, wobei z.B. der Lernstoff des Vormittags vortragsweise (lautes Selbstgespräch oder Prüfungsgruppe) rekapituliert wird.

3 Gedächtnisgerechtes Lernen

„Lernen kann ich – nur mit dem Behalten hapert's..."
Wem dieses Geständnis bekannt vorkommt, dem werden die folgenden Ausführungen die Augen öffnen, denn beim Lernen gilt: Aufwand und Ertrag stehen nur dann in einem sinnvollen Verhältnis, wenn das Lernen in Einklang mit der Funktionsweise unseres Gedächtnisses erfolgt.
Zum besseren Verständnis mögen zunächst zwei Definitionen dienen:

- Als **Lernen** bezeichnet man den **Erwerb neuen Wissens**,
- als **Gedächtnis** bezeichnet man **die Fähigkeit, dieses Wissen wiederabrufbar abzuspeichern**.

Wenn das in der Prüfungsvorbereitung mühsam erworbene Wissen auch tatsächlich in der Prüfung verfügbar sein soll, müssen wir also gedächtnisgerecht lernen, nämlich so, dass der Prüfungsstoff leicht und dauerhaft im Gedächtnis verankert und wieder hervorgeholt werden kann.

3.1 Drei Schritte zum Wissen

Grundsätzlich gilt, dass jede Information drei Stufen erklimmen muss, um im Langzeitgedächtnis für immer gespeichert zu werden:

1. Alle neu aufgenommenen Informationen bleiben zunächst für etwa 30 Sekunden als elektrische Schwingung im Ultra-Kurzzeitgedächtnis. Werden die hier eintreffenden Informationen nicht weiterverarbeitet, werden sie umgehend wieder vergessen.

Übrigens...

Ursprünglich handelt es sich hierbei um eine körpereigene Filterfunktion, die unseren geistigen Apparat vor Überlastung schützt. Gäbe es diesen Mechanismus nicht, wäre unser Verstand angesichts der Unmenge von Informationen, die ständig auf uns einstürmen, überlastet und wir würden uns innerhalb kürzester Zeit in der Psychiatrie wiederfinden...

2. Um ausgewählte Informationen, die man behalten **will**, in die nächsthöhere Gedächtnisstufe (Kurzzeitgedächtnis) zu bringen, muss man diese Information gedächtnisgerecht aufbereiten. Will ich mir z.B. eine siebenstellige Zahl merken, kann ich mich besser erinnern, wenn ich Zweiergruppen bilde.
3. Durch Wiederholung gelangt die Information schließlich ins Langzeitgedächtnis und wird dort – mittels eines chemischen Vorgangs – dauerhaft gespeichert.

3.2 Wie funktioniert unser Gedächtnis?

Dörner hat in einem informationsverarbeitenden Modell den kognitiven Apparat, mit dessen Hilfe Lösungen für Probleme gefunden werden, in zwei Ebenen unterteilt: die epistemische und die heuristische Struktur. Die epistemische Struktur enthält im Gedächtnis gespeichertes Wissen über Merkmale von Objekten und Realitäten sowie Wissen über Operatoren. Wenn auf Basis der epistemischen Struktur ein Problemlöseprozess nicht gelingt, wird die heuristische Struktur aktiviert.

Soweit alles klar? Vermutlich nicht, und das ist kein Wunder! Denn wer mit der oben begonnenen Profi-Definition in der vorliegenden Rohversion arbeiten will, verstößt gegen alle Prinzipien gedächtnisgerechten Lernens.
Nähern wir uns dem Problem also auf eine sinnvollere (gedächtnisfreundliche) Art und Weise, und zwar mit Hilfe eines Modells.

3.2.1 Das Lageristenmodell

Wenn wir lernen, wollen wir das behalten, was wir gerade denken. Wir wollen also Inhalte aus unserem aktuellen Bewusstsein ins Langzeitgedächtnis aufnehmen. Dabei stellt man leider immer wieder fest, dass man sehr viel vergisst. Das liegt an einem Selektionsmechanismus, der unser Gedächtnis vor dem Überlaufen schützt (s. 3.1).
In diesem Modell stellt man sich das Gedächtnis als Lagerhaus vor, in das die (Lern-) Inhalte eingelagert werden sollen. Verwaltet wird das Lagerhaus von einem Lageristen, der die zuvor beschriebene Filterfunktion innehat und darü-

ber entscheidet, welche Information eingelagert wird und welche nicht. Wenn wir also unser Gelerntes dauerhaft behalten wollen, brauchen wir die Zustimmung dieses Lageristen. Um diese zu erhalten, schicken wir einen Verkäufer – als Repräsentanten unseres aktuellen Bewusstseins – zum Lagerverwalter. Je nach Erfolg der eingesetzten Verkaufsstrategie finden nun die angebotenen Informationen Aufnahme oder nicht.
In den folgenden Abschnitten überprüfen wir einige Lernstrategien im Hinblick auf die Bereitschaft unseres Lageristen, die angebotenen Informationen in sein (Gedächtnis-)Lager aufzunehmen und dort dauerhaft und wiederabrufbar zu verwahren.

3.2.2 Struktur als Strategie

Wir gehen davon aus, dass unser Lagerist von Natur aus faul ist: Jede Anlieferung von Informationen ist ihm daher lästig. Dies um so mehr, da sein Organisationstalent begrenzt ist und er – ohne entsprechende Anweisung – neue Informationen einfach wahllos in irgendeiner Ecke seines riesigen Lagerhauses ablädt. Entsprechend stressig ist dann auch die Warenausgabe, sprich: das Wiederauffinden und Abrufen der Lagerinhalte (des Gelernten). Der Lagerist sucht und sucht, findet manchmal Teile, manchmal auch gar nichts und WENN er etwas findet, dann oft nicht zur gewünschten Zeit.
Ein schlauer Lagerist dagegen beschriftet zunächst die Regale. Das aktuelle Bewusstsein – also der Verkäufer – kann ihm dabei helfen, indem er den Lageristen zunächst mit der Struktur des Lernstoffs vertraut macht. Damit wird das Einlagern und Abrufen von Inhalten erheblich erleichtert, und sowohl Einsatzbereitschaft als auch Orientierung des Lageristen steigern sich enorm.

Übrigens...

Die hier verbildlichte Strategie des strukturierten Lernens ist überaus gedächtnisfreundlich und obendrein leicht umsetzbar. Zu Beginn des Lernprozesses muss man sich lediglich einen Überblick über die Themengliederung und damit die sachlogische Struktur der Inhalte verschaffen (z.B. mit dem Inhaltsverzeichnis guter Lehrbücher). Alle weiteren Einzelinhalte können dann problemlos zugeordnet und mit bereits vorhandenen Inhalten verknüpft werden. Sowohl die Einlagerung (Behalten) als auch das Abrufen (Erinnern) des Gelernten fällt damit wesentlich leichter.

3.2.3 Motivation als Motor

Um die Bereitschaft unseres Gedächtnisverwalters zu erhöhen, die angelieferten Informationen zu archivieren, muss der Verkäufer ihn motivieren. Sollte es gelingen, die Neugier des Lageristen zu wecken – vielleicht sogar so sehr, dass er von sich aus Fragen zur angelieferten Ware hat – wird er dieses interessante Gut sicher gern in sein Lager aufnehmen und im Bedarfsfall auch sicher schnell wieder finden.
Übertragen auf die Lernsituation bedeutet dies, dass wir neue Informationen nicht wahl- und kritiklos konsumieren, sondern uns selbst zum Lernen und Behalten motivieren sollten. Das gelingt leicht, wenn wir Fragen an den Stoff stellen, die dessen Bedeutung für uns persönlich unterstreichen. Beispielsweise: Warum haben hungernde Kinder einen Wasserbauch? Was passiert, wenn man Meerwasser trinkt? Was geschieht physiologisch, wenn ich Nikotin zu mir nehme?
Sollte es zu Beginn des Lernprozesses noch nicht möglich sein, derart tiefsinnige Fragen zu stellen, genügen zunächst auch allgemeinere Fragen wie: *Was ist das?* oder *Wie funktioniert das?*

Übrigens...

Neben der gesteigerten Motivation, sich anhand einer konkreten Fragestellung mit dem Lernstoff zu beschäftigen, liegen auch die gedächtnisbezogen Vorteile auf der Hand: Die hergestellten Gedankenverbindungen sind wesentlich haltbarer als separat eingelagerte Einzelinformationen.

3.2.4 Dolmetschen für das Gedächtnis

Vermutlich ist unser Lagerist kein ausgebildeter Wissenschaftler (wäre er sonst Lagerist?). Ein tüchtiger Verkäufer spricht daher Klartext und vermeidet jegliches Fach-Chinesisch. Wer dem Lageristen mit einfachen und klaren Worten vermitteln kann, was er einlagern soll und an welche Stelle des Lagers die angelieferte Ware gehört, findet leicht die gewünschte Aufnahme.
Die lernstrategische Bedeutung dieses Bildes ist simpel, jedoch keineswegs banal: Wir können Lernstoff nur dann behalten, wenn wir ihn auch *verstanden* haben.

Wissenschaftliche Texte sollten daher in unsere eigene Sprache, komplizierte Satzgefüge in einfache und klare Aussagen übersetzt werden. Tun wir das nicht, geht es uns wie mit altisländischen Vokabeln: sie werden schleunigst wieder vergessen.

3.2.5 Again and again: Wiederholen und Behalten

Unter den Prüflingen in spe gibt es eine erstaunlich große Anzahl von Anhängern dieser Strategie. Die Idee an sich ist gut und seit Ebbinghaus (1885) sogar wissenschaftlich untermauert. In heroischen Selbstversuchen hatte besagter Wissenschaftler sinnlose Silben auswendig gelernt und einen positiven Zusammenhang zwischen der Anzahl der Wiederholungen und der Güte der Reproduktionen festgestellt.
In unserem Modell sähe das etwa so aus: Der Verkäufer präsentiert dem Lageristen Inhalte, die von diesem zunächst als „zu schwer" abgelehnt werden. Der Verkäufer beweist allerdings Stehvermögen und erscheint wieder und wieder, bis der Lagerist schließlich aufgibt und die ungeliebten Waren einlagert (in der einschlägigen Literatur zum Thema Lernstrategien heißt es, dass dazu ca. 7 Wiederholungen nötig sind).
Die Strategie des Wiederholens funktioniert also, ist jedoch sehr zeitaufwändig und macht keinem der Beteiligten wirklich Spaß.

MERKE:
Selbstverständlich ist das Wiederholen ein unverzichtbarer Lernschritt bei der Überführung und Speicherung neuer Informationen ins Langzeitgedächtnis. Allerdings sollte die Wissensaufnahme durch vielfältigere (gedächtnisgerechtere) Strategien erfolgen.

3.3 Alternative Potentiale nutzen: Mnemotechniken

Kehren wir noch einmal zu unserem Modell zurück. Bislang haben wir unser Gedächtnis mit einem Lagerhaus verglichen, in dem Informationen aufbewahrt (gespeichert) werden. Fakt ist jedoch, dass es nicht nur ein, sondern eine ganze Reihe solcher Lagerhäuser gibt. Man unterscheidet dabei das semantische, motorische, episodische, visuelle und akustische Gedächtnis. Allein diese Aufzählung lässt die unendlichen Weiten unseres Erinnerungsvermögens ahnen, doch in der Regel bleibt der größte Teil dieser Speicherkapazitäten ungenutzt. Die meisten Menschen (so auch die Gattung Student) bemühen nämlich nahezu ausschließlich das semantische Gedächtnis (Gedächtnis für Fakten). Dabei ist der Zugang zu diesem Lager einer der schwersten, denn der naturträge Lagerverwalter kann oft erst nach mehreren Anläufen (Wiederholungen) zur Aufnahme der angebotenen Lieferung überredet werden. Warum also nicht den Absatz erhöhen und die – möglicherweise dynamischeren – Verwalter der anderen Lagerhäuser umgarnen?

3.3.1 Visuelles Gedächtnis

Der Verwalter dieses imposanten Informationslagers sieht die Welt in Bildern. Entsprechend empfänglich ist er für optische Eindrücke, die ihm als Lagerware angeboten werden.
Lernstrategisch kann man sich diese Tatsache zunutze machen, z.B. beim Lernen anatomischer Strukturen. Man wird den Verlauf des N. medianus vermutlich nie wieder vergessen, wenn man ihn sich – unter Anleitung eines Fachbuchtextes nebst Bildmaterial versteht sich – auf den eigenen Unterarm gemalt hat. Gleiches gilt für die Projektion innerer Organe auf die Körperoberfläche (z.B. Herzgrenze und –klappen) oder die Innervationsgebiete der Gesichtsnerven Trigeminus I, II und III.
Aber auch in anderen Fächern können Lerninhalte visualisiert werden. Geht es beispielsweise um die Anzahl der Erythrozyten, Thrombozyten und Leukozyten, so könnte man sich selbst die Aufgabe stellen, diese graphisch darzustellen. Allein schon die Überlegung, wie man die Skala auf dem Blatt einteilen muss, um auch alle Zahlen als Balken darzustellen, fördert das Behalten.

Übrigens...
Der größte Lern- und Behaltenseffekt wird erreicht, wenn sich der Lernende **selbst** überlegt, wie er etwas graphisch darstellt. Das Betrachten fertiger Darstellungen bringt dagegen vergleichsweise wenig.
Es gäbe eine Unzahl weiterer Beispiele für die kreative Nutzung des visuellen Gedächtnisses. Wir möchten uns an dieser Stelle jedoch aus Respekt vor eurer eigenen kreativen Energie weiterer Ausführungen enthalten.

Auch die assoziative Funktionsweise des Gedächtnisses kann man nutzen: Lernt man in der Biochemie die Vitamine anhand der Auflistung auf der Rückseite einer Multivitaminsaftflasche, fällt einem der Lernstoff in der Prüfung beim Betrachten der Flasche mit Sicherheit wieder ein.

Übrigens...

In beiden Beispielen werden durch die übertriebene Betonung der jeweils gemeinsamen Buchstaben Assoziationsbrücken geschaffen. Der Effekt: Hört ihr später den einen Begriff, erinnert ihr euch automatisch auch an den anderen.

3.3.2 Akustisches Gedächtnis

Beim Verwalter dieses riesigen Speichers kommen alle akustisch vermittelten Waren gut an. Werden Gedächtnisinhalte bei ihm angefordert, so findet er sie mit schlafwandlerischer Sicherheit anhand der Erinnerung an die Töne, Laute, Geräusche, Klänge etc., in deren Begleitung sie sich bei ihrer Einlieferung befanden.

Keine Angst! Dies ist kein Aufruf, den gesamten Lernstoff in ein Hörbuch umzuwandeln, das ihr euch dann auf langen Autofahrten, im Wald oder im Schlaf immer und immer wieder zu Gemüte führt. Der hiermit zu erreichende Effekt tendiert nämlich bedauerlicherweise gegen Null.

Viel sinnvoller ist es, einzelne, schwer zu merkende Fakten mit einer akustischen Modulation oder Variation zu verknüpfen und darüber erinnerbar zu machen.

Ups! Jetzt sind wir aber ein bisschen weit auf fach-chinesisches Terrain abgedriftet. Für all diejenigen, die jetzt „was'n das?" denken, hier ein konkretes Beispiel:

Nehmen wir als Lernthema die Zielorgane und die Wirkungen der Geschlechtshormone FSH (Follikel stimulierendes Hormon) und LH (luteinisierendes Hormon) beim Mann. Hier muss man wissen, dass FSH auf die Sertolizellen wirkt und die Spermatogenese fördert, während LH auf die Leydig-Zellen wirkt und hier die Testosteronproduktion anregt. Diese Zusammenhänge kann man sich gut einprägen, indem man sich die verschiedenen Begriffe laut vorspricht. Dabei wird beim F**S**H, den **S**ertolizellen und der **S**permatogenese jeweils das **S** ganz scharf überbetont und im Falle des **L**H, der **L**eydig-Zellen und der „**L**estosteronproduktion" (sorry, musste passend gemacht werden...) das **L** extrem in die Länge gezogen.

In der Biochemie könnte man memorieren, dass sich im Trypth**o**phan ein Ind**o**lring befindet und das zugehörige biogene Amin das Ser**o**tonin ist.

3.3.3 Motorisches Gedächtnis

Der Verwalter dieses Gedächtnisspeichers ist salopp formuliert ein Grabscher. Er muss für die Dinge, die ihm angeboten werden, ein Gefühl bekommen und will sie daher berühren, befühlen und empfinden. Ist ein Inhalt durch diese Tastkontrolle gekommen, wird er auf nahezu unbegrenzte Zeit zuverlässig im motorischen Speicher gehütet. Mit anderen Worten: Das motorisches Gedächtnis ist überaus löschungsresistent. Einmal erworbene motorische Programme können selbst nach Jahrzehnten ohne zwischenzeitliche Wiederholung abgerufen werden!

Beispiel:
Jemand, der einmal schwimmen konnte, kann selbst nach 10 Jahren Wasserabstinenz in den Pool fallen, ohne zu ertrinken. Auch wer einmal Fahrrad fahren gelernt hat, kann das Gefährt nach Jahren aus der Garage holen und ohne weiteres losradeln.

Diese Fähigkeit kann man sich auch beim Lernen zu Nutze machen. Bei der Beschäftigung mit dem Thema Nervenausfälle nennt man laut den betroffenen Nerv und simuliert anschließend das dazugehörige Lähmungsbild (z.B. N. tibialis – Hackenfuß; N. fibularis – Spitzfuß).

Ebenso kann man sich mit Hilfe des „Dermatomentanzes" die zu den Dermatomen gehörigen Innervationsgebiete mühelos einprägen. Während man das Dermatom laut nennt, schlägt man sich auf die entsprechende Region: Bei C2 auf den Hinterkopf, bei C3 auf den Hals, bei C4 auf die Schulter, bei C5 auf den Oberarm. Bei C6 streckt man den Daumen in die Höhe, bei C7 streckt man den Mittelfinger. Weiter geht's mit C8 (untere Handkante), TH1 (Innenseite Arm), TH2 (obere Brust), TH3 (Mamillen). Dann TH4-10 (den Thorax hinunter von Mamillen bis Bauchnabel), TH11 und TH12 (= Leiste), schließlich L1 (obere Hüfte). Nun schwingt man das Bein über das gegenüberliegende Knie und schlägt ähnlich wie beim Schuhplattler an der Innenseite dieses Beins abwärts: L2 (oberer Oberschenkel), L3 (unterer Oberschenkel bis Knie), L4 (oberer Unterschenkel) und L5 (Oberseite Fuß).

Im letzten Teil knickt man das Bein nach außen ab und schlägt sich beim Aussprechen von S1 auf die Außenseite des Fußes und Unterschenkels, bei S2 auf die Kniekehle, bei S3 auf die hintere Seite des Oberschenkels und bei S4 auf den Po.

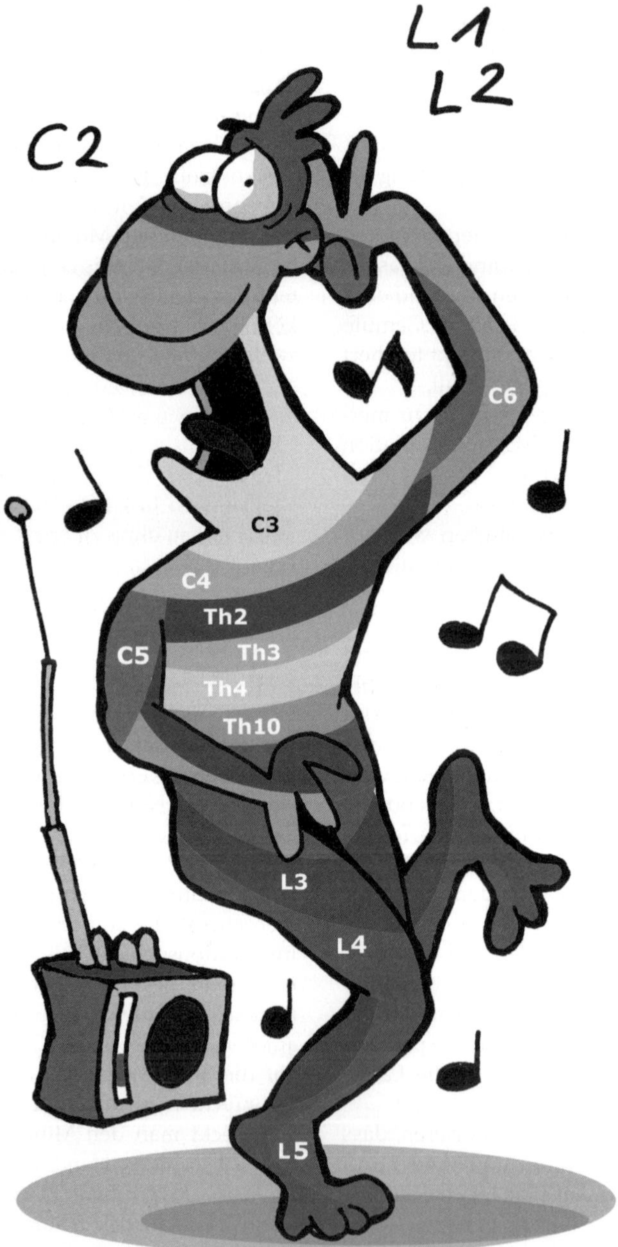

Abb. 1: Dermatomentanz

3.3.4 Episodisches Gedächtnis

Der Lagerist dieses geheimnisvollen Speichers nimmt mit Vorliebe Inhalte an, die in Form von Geschichten miteinander verbunden sind. Dabei gilt: Je ausgefallener die Geschichte, desto höher ist seine Bereitschaft, die angelieferte Ware anzunehmen und einzuspeichern.

Übrigens...

Viele Gedächtniskünstler nutzen die Fähigkeit des Menschen, Ereignisse in ihrer zeitlichen Reihenfolge anhand von Geschichten besonders gut zu memorieren. Von ihrem Publikum lassen sie sich ellenlange Zahlenketten nennen und können diese binnen kürzester Zeit fehlerfrei wiederholen. Der Trick ist gedächtnisfreundlich-genial:

- Zunächst wird die Zahlenkette in Dreierblöcke zerlegt.
- Jeder Dreierkombination wird dann ein Bild zugeordnet.
- Schließlich werden die einzelnen Bilder zu einer Geschichte kombiniert.

Anhand dieser Geschichte kann dann die komplette Zahlenkette – auch noch nach langer Zeit – korrekt erinnert werden.

Hier die lernstrategische Quintessenz für alle, die eher eine Mediziner- als eine Künstlerkarriere ansteuern:
Möchte man das oben dargestellte Prinzip auf das Lernen physikumsrelevanter Inhalte anwenden, so muss man zunächst die abstrakten Begriffe für sich selbst konkret machen (verbildlichen) und dann durch eine Geschichte verknüpfen. Der Urheber des folgenden Beispiels aus dem Bereich der Biochemie (Thema Citratzyklus) bestand übrigens darauf, anonym zu bleiben...
Die zu lernenden Termini wurden mit Hilfe der folgenden Assoziationen verbildlicht:
Oxalacetat = Ochsenmaulsalat,
Citrat = Zitrone,
Isocitrat = Isolierkanne,
Ketoglutarat = Kette,
Succinyl-CoA = Suizid,
Succinat = Sushi,
Fumarat = Raucher und
Malat = Kranker

Aus diesen Zutaten entstand die folgende Merk-Geschichte:
Ich bestellte Ochsenmaulsalat mit Zitrone und bekam beides in einer Isolierkanne, die mit einer Kette verschlossen war. Schon dachte ich an Suizid. „Nehmen sie doch lieber Sushi", sagte der Raucher nebenan. „Ich bin doch kein Kranker", antwortete ich.
Wer diese Geschichte blöd findet, kann sich ja eine eigene ausdenken....

3.3.5 Chunking

Zur Verdeutlichung dieser Mnemotechnik bemühen wir ein letztes Mal unser Modell. Man stelle sich vor, ein LKW kommt bei unserem (Gedächtnis-) Lager an und kippt lauter einzelne, unverpackte Gegenstände ab. Dies ist in etwa die Situation, in der sich der Lagerist eines Studenten befindet, der sich vorgenommen hat, einzelne Fakten auswendig zu lernen. Verärgert pickt sich der Lagerist einzelne Stücke aus dem Warenchaos heraus und lagert sie völlig ehrgeizlos irgendwo ein. Dabei ist es mehr als fraglich, ob er die so verstaute Ware jemals wieder findet. Würde der Lagerist dagegen schon ordentlich zusammengepackte Pakete vorfinden, würde er sicher bereitwillig wesentlich mehr einlagern.

Übrigens...

In Bezug auf das Lernen heißt das: Einzelne Fakten müssen zusammengepackt werden. Diesen Vorgang bezeichnet man als Chunking.

Statt die notwendigen Fakten zu den EEG-Wellen einzeln zu lernen, kann man diese auch einfach als einen Chunk (engl. Brocken) abspeichern. Bezogen auf die EEG-Wellen heißt dieser Brocken/dieses Paket **„Beate Drei"**. Hier steht B für Beta, A für Alpha, T für Theta und D gleichzeitig für Delta und „drei Hertz".
Wenn wir diese „drei Hertz" nun jeweils von unten nach oben verdoppeln, erhalten wir die Frequenzbereiche der jeweiligen Wellen:
Beta = 24 Hz,
Alpha = 12 Hz,
Theta = 6 Hz und
Delta = 3 Hz.

3.3.6 Icons und Attribute

Eine gedächtnisstrategische Herausforderung sind alle Themen, die mit einer Vielzahl relevanter Details verknüpft sind. Das vegetative Nervensystem ist beispielsweise so ein schwer zu handhabendes Faktengebilde und rangiert daher bei den meisten Studenten ganz oben auf der Liste der unbeliebtesten Lernthemen.

Mittel der Wahl in solchen Härtefällen ist die Arbeit mit Icons (stilisierte Abbildungen eines Gegenstands), die mit verschiedenen Attributen versehen werden. Klingt kompliziert, ist es aber nicht. Jeder von uns kennt Icons, z.B. die lustigen Strichmännchen, die in öffentlichen Einrichtungen bestimmte Türen zieren. Trotz ihrer optischen Schlichtheit transportieren sie eine Vielzahl von Informationen, wie z.B. „Hier ist nicht die Küche, hier soll man Pipi machen... nur *hier* darf Pipi gemacht werden... hier dürfen nur Jungs/Mädchen Pipi machen“ etc.

Um die unübersichtliche Faktenflut zum Thema vegetatives Nervensystem zu sortieren und gedächtnisfreundlich zusammenzufassen, empfehlen wir das Zigarettenmodell (s. Abb. 2).

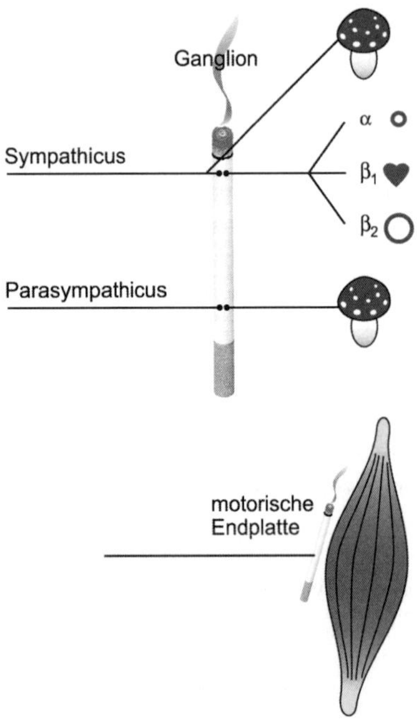

Abb. 2: Zigarettenmodell

Die erste Schaltstelle sowohl des Sympathikus als auch des Parasympathikus befindet sich in der Zigarette, was die Tatsache verbildlicht, dass die ganglionäre Übertragung sowohl des Parasympathikus als auch des Sympathikus **nikotinerg** erfolgt.

Beim Parasympathikus erfolgt die Übertragung des Reizes auf das Erfolgsorgan ebenfalls mit Hilfe von Acetylcholin, aber **muskarinerg**. Als Icon für diesen Synapsentyp steht in der Abbildung der Fliegenpilz, da **Muskarin** das Gift des Fliegenpilzes ist.

Sympathisch erfolgt die Reizübertragung auf das Erfolgsorgan mittels Noradrenalin und Adrenalin, die auf Alpha-, Beta 1- und Beta 2-Rezeptoren wirken. Eine Ausnahme bilden die Schweißdrüsen: Hier erfolgt die Übertragung ebenfalls muskarinerg. Wenn ihr euch merken wollt, auf welchen Rezeptortyp Adrenalin oder Noradrenalin vorwiegend seine Wirkung entfaltet, denkt daran, dass auf einer Landkarte der NORden immer oben ist (auf der Zeichnung neben den Alpha-Rezeptoren) und dass ihr unten auf der Europakarte die ADRia findet (auf der Zeichnung neben den Beta-Rezeptoren).

Zu den Wirkungen der Alpha- und Betarezeptoren merkt man sich, dass dort, wo Alpha-Rezeptoren wirken, alles kontrahiert wird, während Beta-Rezeptoren eine Dilatation am Erfolgsorgan bewirken. Daher erhalten die Alpha-Rezeptoren das Attribut „Konstriktor“ und die Beta-Rezeptoren das Attribut „Dilatator“. In unserer Zeichnung schlagen sich diese Erkenntnisse wie folgt bildlich nieder:

- Neben dem Alpha-Rezeptor (symbolisiert durch das griechische „Alpha“, das aussieht wie eine Schlinge, die sich zusammenzieht) findet ihr einen kleinen zusammengezogenen Kreis (Konstriktor).
- Der Beta 1-Rezeptor ist durch ein kleines Herz symbolisiert (Beta 1-Rezeptoren wirken nämlich nur dort) und neben dem Beta 2-Rezeptor findet sich ein großer Kreis als Symbol für das Attribut „Dilatator“.

Et voilà! Viel mehr gibt es zu diesem Thema nicht zu lernen, denn mit dem bisher dargestellten Wissen könnt ihr euch die restlichen Fakten zum vegetativen Nervensystem selbst herleiten.

Hier noch eine kleine Starthilfe:
Wie ihr sicherlich wisst, optimiert der Sympathikus unsere Körperfunktionen für Kampf oder Flucht (engl. fight or flight). Eine sinnvolle Sache, wenn man bedenkt, dass dieser Nerv in einer Zeit konzipiert wurde, als unsere Vorfahren auf der Jagd nach lebenserhaltender Beute vermeiden mussten, selbst eine solche zu werden.
Solch ein Urzeit-Jäger muss zunächst das Feld sondieren, um das Vorhandensein von Feinden oder wilden Tieren auszuschließen. Wird ein feindliches Wesen entdeckt, empfiehlt es sich, schnellstmöglich das Weite zu suchen. Um schnell laufen zu können, müssen seine Muskeln Glucose verbrennen. Dazu brauchen sie viel Sauerstoff. Hierzu sollten die Bronchien weit gestellt werden (Dilatation über Beta 2-Rezeptoren). Gleichzeitig ist eine erhöhte Glucoseaufnahme in den Muskel erforderlich. Die Glucoseschleusen des Muskels müssen folglich weit gestellt werden. Dies geschieht, indem Beta 2-Rezeptoren die Ausschüttung von Insulin fördern. Insulin seinerseits beschleunigt dann die Glucoseaufnahme in den Muskel. Im Falle einer Flucht braucht man in den peripheren Hautgefässen weniger Blut. Alpha-Rezeptor-sei-Dank werden daher diese Arterien enger gestellt. Macht ein Tiger Jagd auf uns, ist es unklug, just in diesem Moment eine Pipipause einzulegen. Daher werden in solch einer Situation unsere vegetativen Sphinktere kontrahieren (über Alpha-Rezeptoren). Damit in dieser misslichen Situation der Blasenmuskel nicht gegen den Sphinkter drückt, wird dieser sinnvollerweise entspannt (über Beta-Rezeptoren).
Einer gebärende Frau könnte es das Überleben sichern, wenn sich die Geburt in Gefahrensituationen verzögert, d.h. wenn die Wehen (= Anspannung der Uterusmuskulatur) blockiert würden. Als hilfreich erweist sich hier wieder unser Dilatator (Beta 2-Rezeptor).
Beim Mann wäre es günstig, in einer Stresssituation keine Erektion zu bekommen oder – falls er schon eine hat – diese schnell und dauerhaft zu verlieren, damit er schnell und weit weglaufen kann. Sympathische Aktivierung, hervorgerufen durch Angst, Aufregung oder Stress blockiert also die Erektion und führt zu schneller Ejakulation.

Übrigens...

Es gibt noch ein Organsystem, das **sympathisch innerviert**, allerdings als einzige Ausnahme auch über Acetylcholin **muskarinerg erregt** wird: die Schweißdrüsen. Als effektive – wenn auch ein wenig unappetitliche – Merkhilfe hierfür könnt ihr das Icon für muskarinerge Übertragung in unserer Skizze mit einer unrasierten Achselhöhle assoziieren...

Steht man einem Tiger in freier Wildbahn gegenüber, bekommt man große Augen, sprich: In Angst- oder Stresssituationen bewirkt der Sympathikus, dass sich die Pupillen weiten. Ein weit verbreiteter Merksatz für diesen Sachverhalt lautet **„Sympathische Menschen haben weite Pupillen.“** Spannend ist nun die Frage, welcher Rezeptor die Pupillenweitung bewirkt. Nach unserem bisherigen Ausflug in die Welt des vegetativen Nervensystems sollte es kein großes Problem sein, sich die korrekte Antwort herzuleiten.
Erweitern wir nun unsere Skizze, indem man die Zigarette (Icon für nikotinerge Übertragung) an einen Muskel (Icon für die motorische Endplatte) heftet, kann man sich daraus ableiten, dass hier der Überträgerstoff Acetylcholin **nikotinerg** wirkt.

3.3.7 Fazit

Ihr werdet feststellen, dass die zuvor beschriebenen Lernformen anfänglich etwas mehr Zeit benötigen. Dafür wird durch die kreative Beschäftigung mit dem Lernstoff die Verarbeitungstiefe aber enorm gesteigert, so dass zum sicheren Behalten nur wenige Wiederholungsdurchgänge nötig sind. Nicht zuletzt ist der vielseitige Umgang mit dem oft trockenen Stoff eine wichtige Motivation, um in der langen Phase der Prüfungsvorbereitung nicht vorzeitig das Handtuch zu werfen.

3.4 Qual der Wahl: Fachbücher

Viel hilft viel! Diese Volksweisheit scheint für viele Studenten das Leitmotiv bei der Auswahl ihrer Prüfungsliteratur zu sein. Berge dicker Wälzer suggerieren die Sicherheit geballten Wissens, verstellen de facto aber den Blick für das Wesentliche – ganz abgesehen davon, dass die Zeit für derartige Lese-Orgien ohnehin meist nicht ausreicht.

Besser ist es, die großen Lehrbücher vorläufig in der Versenkung verschwinden zu lassen und sie erst nach dem Examen oder zum Nachschlagen wieder hervorzuholen. Zwar bürgen die etablierten Stars der Fachliteratur für größtmögliche inhaltliche Korrektheit, doch leider bieten sie auch eine schier unüberschaubare Detailfülle, die dazu verleitet, sich in prüfungsirrelevanten Seitenaspekten zu verlieren.

Pragmatischer und zum Lernen besser geeignet sind kleine und überschaubare Bücher, die möglichst auf die besonderen Anforderungen der Examensfragen abgestimmt sind. Bei der Auswahl sollte man sich nicht ausschließlich von den Empfehlungen derer leiten lassen, die die Hölle bereits durchschritten haben. Die Wahl der richtigen Lehrbücher ist nämlich eine höchst individuelle Angelegenheit. Neben harten Kriterien wie eine übersichtliche Themengliederung und eine prägnante, leicht verständliche Sprache sollten auch die eigenen Vorkenntnisse und Vorlieben Berücksichtigung finden. Wer seine Vorkenntnisse in einem Fach für eher rudimentär hält, sollte durchaus in Erwägung ziehen, zum Einstieg in ein Fach/Thema zunächst ein Lehrbuch für Krankenpflegeberufe zu wählen. Zwar sind hier die Dinge oft stark vereinfacht und schematisch dargestellt, allerdings ist dies genau das Richtige, um sich einen ersten Einblick in die großen Zusammenhänge des Stoffes und damit letztendlich den notwendigen Überblick zu verschaffen.

3.5 Einfach (!?) Lesen

Der weitaus größte Teil des Wissenserwerbs in der Prüfungsvorbereitung erfolgt durch die Lektüre von Texten. Viele sehen darin kein Problem – lesen können die meisten von uns schließlich seit ihrer Grundschulzeit.

Doch wie so oft im Leben, ist auch hier nichts so einfach wie es scheint. Da während der Examensvorbereitung die ausgewählten Bücher aus Zeitgründen nicht mehrfach gelesen werden können, sollte man bereits beim ersten Lesen alle wesentlichen Informationen des Textes erfassen. Eine **effektive Lesetechnik** ist dabei eine unverzichtbare Hilfe. Die hier vorgestellte 5-Schritt-Methode orientiert sich an der Funktionsweise unseres Gedächtnisses, wonach am besten gelernt und behalten wird, was in einen Zusammenhang eingeordnet oder mit bereits vorhandenen Vorkenntnissen verknüpft werden kann. In Anlehnung daran umfasst die 5-Schritt-Lesemethode verschiedene Lesestufen (s. Tabelle 5):

5-Schritt-Lesemethode
1. Überblick gewinnen: Man liest zuerst das Inhaltsverzeichnis, die Kapitelüberschriften und -untertitel. Auf diese Weise wird die logische Struktur des Stoffes erkennbar.
2. Zusammenfassungen lesen: Im zweiten Schritt liest man nur die Zusammenfassungen (sofern vorhanden) am Anfang oder Ende eines Kapitels. Dadurch wird der Gesamtzusammenhang des Themas deutlich, und Details können später besser eingeordnet und behalten werden.
3. Fragen stellen: Jetzt notiert man sich Fragen an den Text (zur Not können die Überschriften einfach in Fragen umformuliert werden). Auf diese Weise kann der Text selektiv gelesen werden, d.h. unter dem Aspekt wichtig/unwichtig.
4. Lesen: In diesem Schritt erfolgt die eigentliche Informationsaufnahme. Durch die in Schritt 3 fokussierte Aufmerksamkeit werden die zentralen Informationen des Textes erfasst.
5. Rekapitulieren: Zur Festigung des aus dem Text Gelernten ist eine Wiederholung nötig. Zu diesem Zweck beantwortet man nun die Fragen, die man sich im 3. Leseschritt selbst gestellt hat oder versucht, das gelesene Kapitel mündlich zusammenzufassen.

Tabelle 5: Die 5-Schritt-Lesemethode

3.6 Richtig kreuzen

Doch nun die Frage aller Fragen für zur Vorbereitung auf das schriftliche Examen: Wie kreuzt man eigentlich richtig?

3.6.1 Wissen versus Erfolg?

Unsere Erfahrung zeigt, dass nicht die Menge, sondern die **Qualität des Wissens** über Prüfungserfolg oder –misserfolg entscheidet. Oft wissen sogar Studenten, die Probleme mit dem Examen haben, mehr als diejenigen, die das Examen ohne Schwierigkeiten bestehen! Der Grund hierfür ist, dass die in der Prüfung erfolgreichen Studenten die Gabe haben, sich auf die **prüfungsrelevanten Inhalte** zu konzentrieren, während die in der Prüfung weniger erfolgreichen Studenten aufgrund einer grundlegenden Verunsicherung den Anspruch haben, alles Mögliche zu lernen.

3.6.2 Perfektionismus und Faktenlawinen

Diese unterschiedlichen Lernstile äußern sich auch in unterschiedlichen MC-Bearbeitungsstrategien: Weniger erfolgreiche Studenten entwickeln eine oft unkontrollierbare Sammelleidenschaft, bis sie am Ende von einer wahren Faktenlawine überrollt werden. Beim Übungskreuzen lesen sie z.B. die Frage und entscheiden sich nach bestem Wissen und Gewissen für Lösung B. Doch halt! Antwortmöglichkeit D enthält ja einen ganz merkwürdigen Begriff, den sie noch nie gehört haben. Also muss der Kommentar her. Der wird gelesen, und zwar mit dem Anspruch, restlos ALLE Informationen zu behalten, die unter den verschiedenen Lösungsmöglichkeiten erläutert sind. Von diesem Anspruch befallene Studenten versuchen, bei der Bearbeitung der MC-Fragen immer alle Kommentare und Fakten in sich aufzusaugen – mit verheerenden Folgen:

Ein so lernender Student muss sich nach der Bearbeitung von nur 10 Fragen bereits 50 (!) Fakten aus den Kommentaren merken, da ja in jeder Frage 5 Antwortmöglichkeiten angeboten werden. Für eine erfolgversprechende Prüfungsvorbereitung würde es dagegen völlig reichen, sich nur EINEN Sachverhalt pro Frage zu merken, und zwar den, der die richtige Lösung begründet…

3.6.3 Overload – wenn das Gedächtnis schwächelt

Wenn Studenten so lernen wie eben beschrieben, sammelt sich neben den wirklich prüfungsrelevanten Fakten auch jede Menge Informationsmüll an. Das Verfahren ist darüber hinaus assoziativ, d.h. man lässt sich ohne Struktur von Detail zu Detail leiten. Die Folge: Da alle aufgenommenen Fakten gleichberechtigt nebeneinander stehen, nimmt das Gedächtnis solange alle eingehenden Informationen auf, bis schließlich die Speicherkapazität erschöpft ist. Überzähliges – darunter leider auch wichtige Prüfungsinhalte – wird dann einfach vergessen.

Erschwerend kommt hinzu, dass selbst die zunächst gespeicherten Informationen schnell wieder vergessen werden, da sie einzeln und ohne Vernetzung zu einer Struktur aufgenommen wurden. Das frustrierende Ergebnis: Ein lausiges Verhältnis von aufgewandter Lernzeit zu erzieltem Lernerfolg.

4 Spezialtraining für die schriftliche Prüfung

Unsere Erfahrung zeigt, dass der Erfolg in MC-Prüfungen nicht oder zumindest nicht nur von einem möglichst lückenlosen Wissen abhängt. Vielmehr können die Besonderheiten des Multiple-Choice-Verfahrens die Prüfungsergebnisse maßgeblich beeinflussen. Während die z.T. verwirrende Art der Fragestellungen manche Studenten gerade WEGEN ihrer umfassenden Kenntnisse zu unnötig komplizierten Gedankengängen und Falschantworten verleitet, können andere durch Ausnutzung der prüfungstypischen Besonderheiten ihre fachlichen Defizite gewinnbringend ausgleichen.

Die folgenden **Tipps für die MC-Prüfung** sollen dazu beitragen, häufige Fehlerquellen bei der Bearbeitung von MC-Fragen auszuschalten. Darüber hinaus möchten wir zeigen, wie die testtheoretischen Anforderungen an die Prüfung, aber auch die Überlegungen des Prüfers zu ungewollten Lösungshinweisen in den Fragen führen, so dass – im äußerst unwahrscheinlichen Fall fachlicher Defizite...räusper – die Ratewahrscheinlichkeit deutlich erhöht werden kann.

Also: Brille geputzt und aufgepasst...

4.1 Selbsterfahrung versus System: Die Aufgabenbearbeitung

Aus den Gesprächen mit unseren Kursteilnehmern wissen wir, dass in den MC-Prüfungen eine Vielzahl von Bearbeitungstechniken zum Einsatz kommt:

- Die einen plädieren dafür, zunächst alle Aufgaben zu lösen und erst anschließend die Ergebnisse auf den Computerbogen zu übertragen. Dumm nur, wenn die Zeit am Ende knapp wird...
- Andere favorisieren die „Geier-Methode" und lösen zunächst nur die auf den ersten Blick machbar erscheinenden Aufgaben. Leider nimmt jedoch die Konzentration mit voranschreitender Klausurzeit ab. Ein Umstand, der beim Knacken der jetzt noch auf dem Plan stehenden harten Brocken nicht gerade von Vorteil ist.

Für welche Strategie sich der Einzelne entscheidet wird in Ermangelung stichfester Belege mehr oder weniger zur Glaubensfrage.

Übrigens...

In 15 Jahren professioneller Examensvorbereitung konnten wir die unterschiedlichsten Bearbeitungsstrategien unserer Kursteilnehmer in ihrer Wirksamkeit beobachten und können vor diesem Hintergrund eindeutig erfolgreiche von weniger erfolgreichen Strategien unterscheiden.

Hier einige erfolgversprechende Strategien:

4.1.1 Immer schön der Reihe nach...

Die Prüfungsfragen sollten grundsätzlich **in der Reihenfolge ihres Erscheinens bearbeitet** werden. Das Vorziehen der Bildfragen oder der Fragen zum persönlichen Lieblingsthema sind nur zwei Beispiele für die ebenso uneinheitlichen wie unsinnigen Auswahlverfahren, die in der Prüfung praktiziert werden. Das Herausfiltern von Fragen – ganz gleich unter welchen Gesichtspunkten – kostet wertvolle Zeit. Zeit, die am Ende möglicherweise fehlt.

Merke:

Jede Frage, die aus Zeitgründen nicht oder nur oberflächlich behandelt werden kann, stellt eine potentielle Falschantwort dar.

4.1.2 Hund-Katze-Maus? – Alle Aussagen bewerten

Die Examensfragen bestehen aus je fünf binären Aussagen, die entweder richtig oder falsch sind. Die Lösung ergibt sich dann – je nach Aufgabentyp – aus der richtigen oder falschen Aussage. Zur Vermeidung von Flüchtigkeitsfehlern empfiehlt es sich, in einem ersten Schritt die inhaltliche Aussage jeder Antwortmöglichkeit unter dem Aspekt richtig/falsch zu bewerten und entsprechend zu markieren, und zwar **völlig unabhängig vom Fragetyp**. Erst dann fällt die Entscheidung in Abhängigkeit vom Aufgabentyp, wobei sich die Lösung aus den zuvor getroffenen Bewertungen der Antwortmöglichkeiten ergibt. Für das Bearbeiten der Fragen ist das Markierungsschema, das in den Examensbänden der Schwarzen Reihe beschrieben ist, eine wertvolle Hilfe. Mit den hier angegebenen Zeichen (= ff, f?...) wird jede einzelne Aussage bewertet (siehe unten).

Beispiel:
Welche Aussage trifft NICHT zu?

		1. Schritt Aussage richtig?	**2. Schritt** Lösung:
(A) ein Hund ist keine Pflanze	✓✓	(= sicher richtig)	
(B) eine Tomate ist kein Obst	?	(= weiß ich nicht)	
(C) eine Tomate ist ein Nachtschattengewächs	✓?	(= eher richtig)	
(D) ein Walfisch ist kein Säugetier	ff	(= sicher falsch)	D
(E) ein Papagei ist ein Vogel	✓✓	(= sicher richtig)	

4.1.3 Subito! – Lösungen sofort auf den Computerbogen übertragen

Hat man den Lösungsbuchstaben mit Hilfe des eben erläuterten Markierungsschemas ermittelt, so wird die Lösung anschließend direkt ins Heft geschrieben und SOFORT auf den Computerbogen übertragen.

Übrigens...

Wer sich für die gängige (Erfolgsvermeidungs-) Strategie entscheidet, erst am Schluss alle Lösungen auf den Computerbogen zu übertragen, riskiert das Auftreten von Übertragungsfehlern. Dies wiederum kann schlimmstenfalls zum Nicht-Bestehen führen, und es ist relativ aufwändig, den Nachweis eines Übertragungsfehlers nachträglich zu führen. Darüber hinaus kostet die nachträgliche Übertragung der Lösungen auf den Computerbogen mehr Zeit, als wenn nach jeder Aufgabe die ohnehin notwendige mentale Pause beim Übergang von einer Aufgabe zur nächsten mit der mechanischen Tätigkeit der Übertragung gefüllt wird.

4.1.4 Übertragungsfehler – Was tun, wenn's doch passiert?

Wenn man am Ende der Prüfung merkt, dass bei der Übertragung der Lösungen vom Heft auf den Computerbogen ein Fehler passiert ist und die Zeit fehlt, den Übertragungsfehler noch zu finden und zu korrigieren, sollte folgendes Procedere unbedingt eingehalten werden: Zunächst sollte die Aufsichtsperson über das Problem informiert werden. Anschließend muss das **Aufgabenheft gemeinsam mit dem Computerbogen abgegeben** werden. Nur so hat man zumindest die Chance, später im Widerspruchsverfahren den Nachweis zu erbringen, dass es sich tatsächlich um einen Übertragungsfehler handelt. Eine prophylaktische Abgabe des Aufgabenhefts ist dagegen nicht sinnvoll und wird ohne Begründung vermutlich auch nicht vom Aufsichtspersonal akzeptiert.

4.1.5 Besser gut geraten als gar nicht gekreuzt

Es ist eine weit verbreitete Taktik, Aufgaben, die nicht spontan gelöst werden können, zu vertagen. In Erwartung einer noch ausstehenden fachlichen Eingebung beschließt man, sich die Aufgabe später in Ruhe noch einmal anzuschauen und sich erst dann für eine Lösung zu entscheiden. Was von diesem Vorhaben bleibt, ist leider allzu häufig nur die Lücke auf dem Computerbogen. Denn die für die Nacharbeitung einkalkulierte Zeit fehlt am Ende natürlich doch, und jede Aufgabe, bei der sich keine Markierung auf dem Computerbogen befindet, wird automatisch als falsch gewertet.
Was für eine Verschwendung, wenn man bedenkt, dass selbst eine willkürlich gesetzte Markierung auf dem Computerbogen mit einer Ratewahrscheinlichkeit von 20% zumindest eine Chance auf eine Richtigantwort bedeutet!

4.1.6 Kein falscher Ehrgeiz – Nicht zu lange an einzelnen Aufgaben aufhalten

Die Dauer der MC-Prüfung ist so kalkuliert, dass für jede Aufgabe durchschnittlich **1,5 Minuten Bearbeitungszeit** zur Verfügung stehen. Es ist daher strategisch unklug, sich zu lange bei Aufgaben aufzuhalten, die vielleicht eine fachliche Herausforderung darstellen, aber letztlich auch nur EINEN Punkt für die richtige Lösung bringen. Bonuspunkte für das Knacken besonders harter Brocken sind ja leider nicht vorgesehen...
Wer nach 3 Minuten keine Auffassung zu einer Frage hat, wird vermutlich auch nach 5 und mehr Minuten vergebens auf die ersehnte Erleuchtung warten und hat obendrein auch noch die kalkulierte Bearbeitungszeit für 2 oder mehr Fragen verbraucht.
Wir empfehlen daher, sich **nach spätestens 3 Minuten für eine Lösung zu entscheiden** und dann zur nächsten Frage überzugehen.

MERKE:
Jede – auch aus Zeitnot – nicht beantwortete Frage wird automatisch als Falschantwort gewertet.

4.1.7 Zeitnot macht Grips tot – Auf das richtige Timing kommt es an

Volle Konzentration ist gefordert, wenn man sich Frage für Frage durch die Examensklausur arbeitet. Doch plötzlich stoppt bei Frage 107 ein hässlicher Zweifel jäh den produktiven Rhythmus: Was, wenn ich nicht rechtzeitig fertig werde? Ein hektischer Blick auf die Uhr zeigt 11:30 Uhr. Eine fieberhafte Hochrechnung beginnt – verbleibende Fragen durch verbleibende Zeit...

In der Prüfungsanspannung bleiben jedoch die eigenen Rechenfähigkeiten nicht selten unter dem Niveau eines Drittklässlers. Mit dem Erfolg, dass für den Rest der Klausur das Gefühl vorherrscht, unter Zeitdruck zu stehen. Dies wiederum treibt zur Eile und sorgt in der Regel für eine Reihe vermeidbarer Flüchtigkeitsfehler. Denselben Effekt hat man übrigens auch, wenn man mathematisch korrekt errechnet, dass die verbleibende Zeit tatsächlich knapp wird...

Was hilft, ist einzig und allein die Prävention in Form von **Zeitmarken**, die zu Klausurbeginn gesetzt werden: Ein Kreis um Aufgabe 45 markiert die Einstundenmarke, ein Kreis um Aufgabe 85 die Zweistundenmarke und ein Kreis um Aufgabe 125 die Dreistundenmarke. Auf diese Weise kann man in regelmäßigen Abständen überprüfen, wie gut man in der Zeit liegt und im Falle einer schlechten Bilanz noch rechtzeitig die Schlagzahl erhöhen.

4.1.8 Pausen bringen Punkte

Bei vielen Studenten treten nicht erklärbare Fehlerserien in den Klausuren auf. Diese Serien setzen etwa bei Aufgabe 50–60 ein und erstrecken sich meist über 5–10 Aufgaben. Dabei geben die Betroffenen häufig an, die richtige Lösung eigentlich gewusst zu haben und sich die dennoch falsche Beantwortung der Fragen nicht erklären zu können. Dieses fast übersinnlich anmutende Phänomen hat bei genauerer Betrachtung einen ganz banalen Hintergrund. Typisch ist nämlich, dass die Frage nach Pausen während der Prüfung von den Produzenten der Fehlerserien in der Regel verneint wird. Fakt ist aber, dass unser Verstand sich unter dem Einfluss einer pausenlosen Prüfungsanspannung früher oder später eine Zwangspause nimmt und auf economy mode schaltet. Diese Energieeinsparung verursacht dann einen wachsenden Konzentrationsverlust, der typischerweise nach 1 Stunde (also ca. bei Aufgabe 45) einsetzt.

Als vorbeugende Maßnahme sollten daher unbedingt rechtzeitig Pausen eingelegt werden. Als Hilfestellung können die Zeitmarken genutzt werden, die schon zu Klausurbeginn zur Kontrolle des Timings gesetzt wurden (bei Frage 45, 85, 125 etc.).

Übrigens...

Um die Antwort auf die sich jetzt aufdrängende Frage gleich vorweg zu nehmen: Nein, die Pausen verursachen keinen leistungsmindernden Zeitdruck! Der Erholungswert einer Pause korreliert nämlich nicht mit deren Länge, sondern ist in den ersten Minuten am höchsten. Die Pausen sollten daher nicht länger als 3–5 Minuten sein. Das Aufgabenheft sollte in dieser Zeit allerdings geschlossen werden, sonst kann sich keine echte Entspannung einstellen...

4.1.9 Ergebnis nicht kaputt korrigieren

Wer nach Bearbeitung der Fragen bis zum Ende der Klausur noch Zeit hat, sollte es unbedingt vermeiden, ziellos durch sein Heft zu blättern. Der Blick wird nämlich wahllos an der einen oder anderen Aufgabe haften bleiben, die gewählte Lösung wird noch einmal kritisch überdacht und möglicherweise verworfen.

Die Erfahrung zeigt jedoch, dass bei dieser Endkontrolle Aufgaben eher kaputt korrigiert werden, als dass eine Korrektur von Falsch- zu Richtigantworten erfolgt. Ursache hierfür ist, dass die Konzentrations- und Leistungsfähigkeit des Prüflings nach einer 4-stündigen Klausur erheblich verringert ist, so dass die im ersten Durchgang gefundenen Lösungen mit einer höheren Wahrscheinlichkeit zutreffen.

Übrigens...

Wer sich einen Korrekturdurchlauf nicht verkneifen kann, sollte sich dabei nur auf Aufgaben beschränken, die auch im ersten Durchgang lediglich geraten wurden und die durch einen entsprechenden Vermerk auf der Rückseite des Aufgabenheftes von Anfang an für eine mögliche Korrektur vorgesehen waren.

4.2 „Ich bin ein Punkt! Holt mich hier raus!" – MC-Techniken zur Steigerung der Ratewahrscheinlichkeit

Jeder Frage in den Examina werden 5 Antwortalternativen zugeordnet. Wenn man die Fragen ohne vorhandenes Fachwissen löst (= Kleinkind, Affe), liegt die Ratewahrscheinlichkeit bei 20%. Trotz bester Vorbereitung kommt für jeden irgendwann in der Examensklausur der Punkt, an dem er passen muss. Was jetzt noch bleibt, ist das Raten, allerdings erscheint eine Erfolgsaussicht von 20% eher mickrig. Grund genug für den Versuch vieler Studenten, mit List und Tücke die eigene Ratewahrscheinlichkeit zu steigern. Eine hinter vorgehaltener Hand überlieferte Strategie verheißt gesteigerten Rateerfolg durch das Bevorzugen bestimmter Lösungsbuchstaben. Wir wollten der Sache auf den Grund gehen und haben bei 6.269 Fragen die relativen Häufigkeiten der Lösungsbuchstaben ermittelt. Das Ergebnis ist zwar eher bescheiden, kann aber Kandidaten, die nur um einen Punkt die Notengrenze verfehlt haben, durchaus wertvolle Dienste leisten. Die Analyse ergab nämlich, dass die **Lösungsbuchstaben C und D** etwas häufiger vorkommen (= 22%) und dass die Ratewahrscheinlichkeit weiter gesteigert werden kann, wenn man sich **bei „Trifft-nicht-zu-Fragen" für E** und **bei „Trifft-zu-Fragen" für B oder C** entscheidet (s. Tabelle 6).

Fragetyp	absolut	A	B	C	D	E
Trifft-nicht-zu	2.713	13%	19%	21%	23%	24%
Trifft-zu	2.994	16%	23%	23%	22%	16%
Liste	562	18%	23%	24%	19%	17%
gesamt	6.269	15%	21%	22%	22%	20%

Tabelle 6: Bevorzugte Lösungsbuchstaben

Eine in Studentenkreisen ebenfalls gängige Überlieferung besagt, die Antwort „**Keine der Aussagen (A) – (D) trifft zu**" sei häufiger als erwartet die richtige Lösung.

Um auch dieser Theorie auf den Grund zu gehen, haben wir 8.344 Physikumsfragen untersucht mit dem Ergebnis, dass 154 Fragen dieses Lösungsangebot enthielten. Über alle Fächer verteilt entfiel bei den insgesamt untersuchten Fragen in 31% der Fälle die richtige Antwort auf den Lösungsbuchstaben „E". Somit erhöht man die Ratewahrscheinlichkeit von 20 auf immerhin 30%, wenn man sich bei Fragen mit der angebotenen Antwortmöglichkeit „Keine der Aussagen (A) – (D) trifft zu" für den Lösungsbuchstaben „E" entscheidet (s. Tabelle 7).

Zugegeben: Eine recht schwache, aber immerhin wirksame MC-Technik. Im Folgenden werden aber noch stärkere MC-Techniken zur Steigerung der Ratewahrscheinlichkeit vorgestellt.

Fach	Anzahl Fragen mit möglicher Antwort „Keine der Aussagen (A) – (D) trifft zu"	A	B	C	D	E	
Anatomie	10	2	2	3	1	2	20%
Biologie	11	1	1	5	2	2	18%
Chemie für Mediziner	8	2	1	1	–	4	50%
Medizinische Psychologie/Soziologie	42	5	12	5	11	9	21%
Physik für Mediziner	18	2	4	2	2	8	44%
Physiologie	48	6	14	3	8	17	35%
Physiologische Chemie	17	1	5	3	2	6	35%
	154					**48**	**31%**

Tabelle 7: Bevorzugter Lösungsbuchstabe bei Fragen mit der Antwortoption „Keine der Aussagen (A) – (D) trifft zu". Prozentuale Angabe der Häufigkeit von E als richtiger Lösung.

Übrigens..

Ein weitaus besseres Rateergebnis erhält man mit Strategien, die die testtheoretischen und juristischen Anforderungen an die Prüfungsfragen ebenso berücksichtigen wie die psychologischen Mechanismen, denen ein Fragenautor unterliegt. Klingt kompliziert, wird aber im Folgenden als Theorie-light-Version auf den Punkt gebracht.

4.2.1 Kein Zweifel: Nur eindeutige Aussagen erwünscht

In der Medizin geht es vorwiegend um Aussagen, die nur im statistischen Mittel zutreffen und nicht für jeden Einzelfall gelten (sog. probabilistische Aussagen). Sind Prüfungsfragen nicht eindeutig gestellt und sind neben der vom IMPP favorisierten Lösung auch noch andere Antworten möglich, können die Prüflinge diese Fragen rügen. Voraussetzung hierfür ist selbstverständlich ein entsprechender Beleg in einem renommierten Fachbuch (mehr zum Thema Fragenrügen s. S. 4). Solche strittigen Fragen machen dem IMPP Kummer, vor allem aber eine Menge Arbeit, da sie nachträglich aus der Wertung genommen werden müssen. Im Falle einer berechtigten Fragenrüge müssen sogar die Examensergebnisse korrigiert werden. Um dies zu vermeiden, versuchen die Mainzer Fragensteller daher schon im Vorfeld der Prüfung, ihre Fragen wasserdicht zu machen.

4.2.2 Relativ richtig oder absolut falsch? Sprachliche Hinweise auf die richtige Lösung

Um Fragen unstrittig zu machen und möglichen Fragenrügen aus dem Weg zu gehen, muss der Fragensteller ausgesprochen vorsichtig formulieren. Ein häufig eingesetztes sprachliches Mittel ist daher die Verwendung

- absoluter Formulierungen, um Fragen unstrittig falsch zu machen,
- während vorsichtig relativierende Formulierungen darauf zielen, die beabsichtigte Richtigaussage auch dann noch aufrecht erhalten zu können, wenn einzelne Literaturquellen diese Aussage in Frage stellen.

Um diese These empirisch zu untermauern haben wir insgesamt 9697 Physikumsaltfragen analysiert und dabei folgende Verteilung bei den Formulierungen gefunden (s. Tabelle 8):

Formulierung	in richtigen Aussagen	in falschen Aussagen
kann	78%	22%
selten	71%	29%
unbedingt	48%	52%
muss	44%	56%
genau	40%	60%

Tabelle 8: Verteilung der Formulierungen

Es ist deutlich erkennbar, dass die relativierenden Formulierungen **kann** und **selten** wesentlich häufiger **in richtigen Aussagen** vorkamen. Dahingegen waren absolute Formulierungen wie **muss** und **genau** deutlich häufiger in **Falschaussagen** anzutreffen.

Beispiele:

Welche Aussage über verbale und non-verbale Kommunikation trifft nicht zu?

A) Mit sprachlichen Äußerungen können bevorzugt kognitive Sachverhalte vermittelt werden.
B) Paradoxe Kommunikation erfolgt **allein** non-verbal.
C) Non-verbale Äußerungen können vom „Sender" schlechter kontrolliert werden als verbale.
D) Non-verbale Äußerungen sind spontaner als verbale.
E) Kommunikationen können symmetrisch oder asymmetrisch verlaufen.

Lösung: B (= absolute Aussage)

Welche der folgenden Aussagen trifft nicht zu?

A) Die Schmerztoleranz nimmt mit steigendem Lebensalter zu.
B) Personen mit hohen Angstwerten haben eine erhöhte Schmerzsensibilität.
C) Depression und chronischer Schmerz sind häufig miteinander assoziiert.
D) Es **gilt als gesichert**, dass Frauen eine niedrigere Schmerzschwelle haben als Männer.
E) Das Schmerzverhalten kann durch Modelllernen verändert werden.

Lösung: D (= absolute Aussage)

Übrigens...

In den Originalfragen sind die Formulierungen natürlich nicht fett gedruckt...

Darüber hinaus ergab unsere Altfragenanalyse noch folgende sprachliche Hinweise auf Richtigaussagen:

- Satzzeichen wie Anführungszeichen, Gedankenstriche und Klammern waren wesentlich öfter im Zusammenhang mit richtigen als mit falschen Aussagen zu finden.
- Ungebräuchliche medizinische Begriffe waren häufig in der Formulierung von Falschaussagen anzutreffen. Also: Finger weg, wenn ihr noch nie etwas von den angebotenen Begriffen gehört habt!

4.2.3 Lügen haben kurze Beine – Satzlänge als Lösungshinweis

Wenn die Mainzer Fragenautoren eine Frage formulieren, haben sie zunächst einen bestimmten Sachverhalt vor Augen, der geprüft werden soll. Insbesondere bei der Formulierung der Richtigaussage wird dabei viel Zeit und Mühe aufgewendet, um Eindeutigkeit und Unstrittigkeit zu gewährleisten. Das Ergebnis ist in der Regel eine sprachlich differenzierte und daher relativ umfangreiche fachliche Aussage. Um nun eine MC-Frage aus der kreierten Richtigaussage zu machen, müssen 4 weitere Aussagen formuliert werden. Doch hier scheint des Fragenstellers Energie bereits verpufft zu sein, denn die Formulierung der Distraktoren (= angebotenen Falschantworten) fällt meist wesentlich nachlässiger und daher knapper aus (falsch ist schließlich falsch, da muss man sich nicht nach allen Seiten hin absichern...). Unsere These lautet daher:

MERKE:

Lange Sätze sind eher ein Indiz für Richtigaussagen – kurze Sätze stehen tendenziell für eine Falschaussage.

Um dies empirisch zu überprüfen, haben wir 270 Trifft-zu-Fragen und 375 Trifft-nicht-zu-Fragen analysiert, deren Antwortalternativen in Sätzen formuliert waren.

- Bei den **Trifft-zu-Fragen** enthielten die richtigen Aussagen durchschnittlich 102,78 Zeichen (Standardabweichung = 24,4); die 1.080 Falschaussagen enthielten dagegen durchschnittlich nur 74,5 Zeichen (Standardabweichung = 32,8).

Dieser Unterschied ist nicht nur höchst signifikant (T-Test für unabhängige Gruppen) sondern auch noch enorm bedeutend: **In 51,9% der Fälle war der längste Satz die gesuchte Lösung!** Umgekehrt war nur in 1,4% der Fälle der kürzeste Satz die gesuchte Richtigaussage.

Dasselbe Phänomen ließ sich in den Trifft-nicht-zu-Fragen nachweisen: Je länger der Satz, desto wahrscheinlicher handelte es sich um eine richtige Aussage. Für die Trifft-nicht-zu-Fragen gilt daher im Umkehrschluss, dass die gesuchte Lösung in der Regel der kürzeste Satz ist.

- Bei den 375 untersuchten **Trifft-nicht-zu-Fragen** enthielten die darin formulierten 1.500 richtigen Aussagen im Mittel 87,7 Zeichen (Standardabweichung = 22,56), während die 375 falschen Aussagen (= die gesuchten Lösungen) im Mittel nur 79,5 Zeichen umfassten.

Auch dieser Unterschied ist höchst signifikant, leider nicht ganz so bedeutend, da hier der kürzeste Satz nur in 23,5% der Fälle die gesuchte Lösung war. Umgekehrt war aber nur in 3,7% der Fälle der längste Satz die richtige Lösung. Dies ist gegenüber der erwarteten Häufigkeit von 20% auch ein signifikanter, wenn auch kein so bedeutender Unterschied wie bei den Trifft-zu-Fragen.

Übrigens...

Interessant war die Beobachtung, dass bei den Trifft-nicht-zu-Fragen die Länge der richtigen Aussagen von A nach E abnimmt. Dies bestätigt die Hypothese, dass sich der Fragensteller von Aussage zu Aussage, die er formulieren muss, immer weniger Mühe gibt. Bei vielen dieser Trifft-nicht-zu-Fragen werden die gesuchten Lösungen und damit falschen Aussagen an eine beliebige Stelle der Frage gesetzt. Dann werden die richtigen Aussagen von A nach E unter Auslassung des Lösungsbuchstabens, an dem schon die als Lösung gesuchte Falschaussage steht, aufgefüllt.

Das Fazit aus all diesen Betrachtungen mündet in folgender Erkenntnis:

- Ihr erhöht bei den Trifft-zu-Fragen die Ratewahrscheinlichkeit von 20 auf 51%, wenn ihr euch für den längsten Satz entscheidet.

- Bei den Trifft-nicht-zu-Fragen erhöht ihr die Ratewahrscheinlichkeit immerhin noch von 20 auf 24%, wenn ihr hier analog den kürzesten Satz als falsche Aussage und damit als Lösung annehmt.

Beispiel:
Primärer Krankheitsgewinn besteht nach psychoanalytischer Auffassung in dem Gewinn, der z. B. dann entsteht, wenn
A) ein Patient mit chronischen Schmerzen eine Rente zugesprochen bekommt.
B) ein krankes Kind von den Eltern besonders liebevoll umsorgt wird.
C) eine Patientin aufgrund einer Oberschenkelfraktur von einer ungeliebten Arbeitsstelle fern bleiben darf.
D) als Folge eines intrapsychischen Konfliktes eine körperliche Symptomatik entsteht und die Aufmerksamkeit dadurch von den Konflikten abgelenkt wird.
E) eine Patientin interessierte Zuhörer findet, wenn sie von ihrer Erkrankung erzählt.
Lösung: D (= längster Satz)

Hier noch einmal die Zusammenfassung der sprachlichen Hinweise, die als Lösungshilfe genutzt werden können (s. Tabelle 9):

Hinweise auf **richtige** Aussagen	Hinweise auf **falsche** Aussagen
relativierende Formulierungen wie: meist, häufig, selten, kann	absolute Formulierungen wie: immer, nie, alle, nur
lange Sätze	kurze Sätze
Satzzeichen: ( ), „...“, – ..... –	
geläufige Fachausdrücke	seltene (= ungebräuchliche) Fachausdrücke

Tabelle 9: Sprachliche Hinweise als Lösungshilfe

4.2.4 Fifty-Fifty-Fragen: Ein testtheoretischer Exkurs zur Trennschärfe

Eine gute Prüfungsfrage soll die Spreu vom Weizen trennen, sprich: Sie soll von Studenten, die gelernt haben, richtig und von denen, die nicht gelernt haben, falsch beantwortet werden. Je besser eine Frage diese Forderung erfüllt, desto höher ist ihre Trennschärfe und desto besser sind auch Reliabilität und Validität des Tests.
Die Trennschärfe hängt nun unmittelbar vom Schwierigkeitsgrad einer Frage ab: Sehr leichte Aufgaben, also Aufgaben, die jeder lösen kann, haben keine Trennschärfe. Dasselbe gilt für sehr schwere Aufgaben, die niemand lösen kann.
Da die Aufgaben aber aus testtheoretischen Erwägungen eine optimale Trennschärfe haben sollten, versucht man, möglichst viele Aufgaben mit einem mittleren Schwierigkeitsgrad (Schwierigkeitsindex von 50%) zu stellen. Das sind dann die Aufgaben, bei denen ihr drei der fünf Antwortalternativen ausschließen könnt, aber nicht in der Lage seid zu entscheiden, welche der übrig gebliebenen beiden Antwortalternativen letztlich die richtige ist...

4.2.5 Ähnliche Formulierung

Um eine gute Trennschärfe zu erzielen, formulieren die Fragenautoren zunächst die richtige Aussage und dann eine zweite Aussage, die sehr ähnlich klingt, sich aber in einem wesentlichen Detail unterscheidet und damit falsch ist. Blöd für den Studenten, dem die Entscheidung zwischen der richtigen und der – sehr ähnlich klingenden – falschen Antwortalternative schwer fällt. Umso besser allerdings für den Fragensteller, denn er hat eine Frage im mittleren Schwierigkeitsbereich und somit die Voraussetzung für eine gute Trennschärfe geschaffen.
Doch hier kommt auch schon die gute Nachricht: In Kenntnis dieses Zusammenhangs kann man im Umkehrschluss auch ohne Fachwissen nach zwei sehr ähnlich klingenden Antwortalternativen suchen. Wenn man sich dann für eine dieser beiden Alternativen entscheidet, hat man seine Ratewahrscheinlichkeit bei solchen Fragen von mageren 20% auf ansehnliche 50% gesteigert.

Beispiele:
Interindividuelle Gemeinsamkeit im Hinblick auf Lebensstandard, Chancen und Risiken, soziales Ansehen, Privilegien oder Diskriminierungen wird am besten durch folgenden Begriff erfasst:
A) Rollenkonformität
B) soziale Schicht
C) soziale Position
D) Gruppenkohäsion
E) Statuskristallisation
Ähnlich formuliert sind die Lösungsmöglichkeiten B und C, die **Lösung ist B**.

Die Indikation zur Austauschprophylaxe bei einem Neugeborenen infolge Rhesus-Inkompatibilität ist abhängig vom
A) Serumbilirubinwert des Neugeborenen.
B) Serumbilirubinwert der Mutter.
C) Ergebnis des Coombs-Test im Nabelschnurblut.
D) Blutgaswerte und pH-Wert in der Nabelschnurvene.
E) Ergebnis des indirekten Coombs-Test.
Ähnlich formuliert sind die Lösungsmöglichkeiten A und B, die **Lösung ist A**.

An der Schulter treten Kontaktphänomene von Rotatorenmanschette und subakromialem Bogen als Impingementzeichen auf, wenn
A) der Oberarmkopf über den vorderen Pfannenrand luxiert.
B) der Arm zwischen 60 und 130 Grad abduziert wird.
C) der Arm maximal (= 180 Grad) abduziert ist.
D) Traktion auf den Arm ausgeübt wird.
E) Adduktion im Schultergelenk durchgeführt wird.
Ähnlich formuliert sind die Lösungsmöglichkeiten B und C, die **Lösung ist B**.

4.2.6 Gegensätzliche Formulierung

Damit der Student in der Prüfung nicht durch monotone Fragestellungen gelangweilt wird, bedienen sich die Spezialisten vom IMPP noch einer weiteren trennscharfen Strategie: Zwei der fünf angebotenen Lösungsmöglichkeiten enthalten völlig gegensätzliche inhaltliche Aussagen, von denen eine überdurchschnittlich häufig auch die gesuchte Richtigantwort ist. Vor dem Hintergrund dieser Erkenntnis erhöhen Rateprofis die wenig Erfolg versprechende a priori Ratewahrscheinlichkeit bei solchen Fragen von 20% auf stattliche 50%.

Beispiele:
Hohe Cholesterin-Konzentrationen im Blutplasma können das Risiko einer koronaren Herzkrankheit erhöhen. Bestimmte Medikamente zur Senkung der Hypercholesterinämie hemmen kompetitiv ein Enzym, das die Bildung von Mevalonat im Rahmen der Cholesterin-Biosynthese katalysiert. Um welches Enzym handelt es sich?
A) Acyl-CoA-Cholesterin-Acyltransferase (ACAT)
B) β-Hydroxy-β-methyl-glutaryl-CoA-Reduktase (HMG-CoA-Reduktase)
C) β-Hydroxy-β-methyl-glutaryl-CoA-Synthase (HMG-CoA-Synthase)
D) Prenyl-Transferase
E) Squalen-Epoxidase
Gegensätzlich formuliert sind die Lösungsmöglichkeiten B und C (= Reduktase versus Synthetase), die **Lösung ist B**.

Die Kontrollüberzeugungen einer Person, die glaubt, eigenes schwer steuerbares Verhalten (z.B. Rauchen) unter Kontrolle bringen zu können, weil sie das eigene „Schicksal" in die Hand nehmen will, gelten als
A) internal kausal attribuiert
B) external kausal attribuiert
C) kognitiv rigide
D) extrinsisch motiviert
E) Keine der Aussagen (A) – (D) trifft zu.
Gegensätzlich formuliert sind die Lösungsmöglichkeiten A und B, die **Lösung ist A**.

4.2.7 Anders ist Trumpf

Um eine hohe Trennschärfe zu erreichen, erfreut sich in Fragenstellerkreisen auch die folgende Taktik großer Beliebtheit: Es wird zunächst die richtige Antwort formuliert. Dann werden vier untereinander ähnliche, aber gegenüber der richtigen Antwort geringfügig abweichend formulierte Distraktoren hinzugefügt. Der normal denkende Student würde sich kaum trauen, die aus der Rolle fallende richtige Antwort zu kreuzen und prompt falsch liegen. Nur der MC-erfahrene Student würde es wagen, die exponierte Antwort zu kreuzen. Eine kluge Entscheidung, denn unsere Fragenanalyse hat auch ergeben, dass bei diesem Fragentyp überzufällig häufig die eine sich stark unterscheidende Antwortmöglichkeit auch die gewünschte Lösung ist.

Im Klartext heißt das: Kreuzt man bei Aufgaben mit vier ähnlichen Antwortalternativen die fünfte, völlig abweichende Antwort an, liegt man überzufällig häufig richtig.

Beispiele:

Am Ellenbogengelenk ist durch Palpation die Promotion der Olekranonspitze und der beiden Epikondylen des Humerus zu bestimmen. Die Verbindung dieser drei tastbaren Knochenvorsprünge bildet – bei Blick auf die Dorsolateralseite des Gelenkes eine Linie in:

A) Extension
B) Flexion 30 Grad
C) Flexion 60 Grad
D) Flexion 90 Grad
E) Flexion 120 Grad

Die abweichende und richtige **Antwort ist A.**

Im Regelfall entspringt die Arteria ovarica dextra aus der

A) Arteria iliaca communis
B) Arteria iliaca interna
C) Arteria renalis dextra
D) Aorta
E) Arteria uterina

Die abweichende und richtige **Antwort ist D.**

4.2.8 Lösungshinweis „Sicherheitsabstand"

Wie schon mehrfach erwähnt, muss sich die richtige Lösung **eindeutig** von den angebotenen Falschantworten abheben. Daher ist das IMPP bemüht, bei der Frage nach biologischen Größen, die naturgemäßen Schwankungen unterliegen (z.B. Zykluslänge, Körperkerntemperatur, Atemzugvolumen etc.), die richtige Antwort von den Falschantworten so deutlich abzuheben, dass mit Sicherheit in keinem gängigen Lehrbuch ein Intervall angegeben ist, das noch eine der genannten Falschantworten einschließt. Man kann daher bei Fragen zur Größenordnung die richtige Lösung häufig daran erkennen, dass der Abstand zu den übrigen (Falsch-)Aussagen größer ist als der Abstand zwischen den Falschaussagen untereinander.

Bei folgender Frage nach dem weiblichen Eisprung weichen Lösung B und Lösung D nur so geringfügig von der gesuchten Richtigantwort (C) ab, dass beide ebenfalls als Richtiglösung eingeklagt werden könnten:

Nach wie viel Tagen findet gewöhnlich der weibliche Eisprung statt?

A) 7
B) 13
C) 14
D) 15
E) 23

In der folgenden Formulierung hingegen sind die Antwortalternativen so gewählt, dass die gewünschte Lösung hinreichend gegen die Falschantworten abgesichert ist:

Nach wie viel Tagen findet gewöhnlich der weibliche Eisprung statt?

A) 7
B) 9
C) 14
D) 21
E) 23

MERKE:

Unser Ratetipp: Bei Fragen nach einer biologischen Größe, die naturgemäß Schwankungen unterliegt, entscheidet euch für die Angabe, deren Abstand zu den übrigen Antwortmöglichkeiten am größten ist.

Beispiele:
Bei welcher Temperatur liegt der kritische, d. h. tödliche Temperaturbereich des Körperkerns bei akuter allgemeiner Unterkühlung durch exogene Hypothermie?
A) bei 35° C
B) bei 32° C
C) bei 30° C
D) bei 25° C
E) Keine der genannten Temperaturen liegt im kritischen Bereich.
Die gewünschte Lösung ist D. Abstand zur nächsten Antwortalternative = 5, zwischen den anderen Antwortalternativen 2 bzw. 3.

Die einmalige Messung der Dauer eines Vorgangs A ergab t_A= 110 ms. Die einmalige Messung eines Vorgangs B ergab t_B=100 ms. Die maximale relative Unsicherheit beider Messungen hat jeweils ± 0,5% betragen.
Die maximale relative Unsicherheit der aus t_A und t_B errechneten Zeitdifferenz liegt am nächsten bei welcher der folgenden Angaben?
A) ±0,3 %
B) ±0,5 %
C) ± 1 %
D) ± 5 %
E) ± 10 %
Die gewünschte **Antwort ist E**. Abstand zu D = 5; Abstände zwischen den übrigen Nennungen max. 4.

Ein Sportler verrichtet körperliche Arbeit; dabei sei seine O_2-Aufnahme 1,2 l / min. Wie groß ist etwa die Leistung dieser körperlichen Arbeit (in Watt), wenn der Bruttowirkungsgrad 10% beträgt (Energetisches Äquivalent des O_2 sei 20 kJ pro l) ?
A) 40 W
B) 100 W
C) 160 W
D) 200 W
E) 240 W
Die richtige **Lösung ist A**.

4.2.9 Synonyme für Prüfungserfolg

Mitunter könnte man meinen, die Fragensteller erlaubten sich, neben medizinischem Fachwissen auch den gesunden Menschenverstand der Studenten einer Überprüfung zu unterziehen. So lassen sich immer wieder Fragen finden, bei denen in zwei Antwortalternativen Synonyme als Lösung angeboten werden. Der goldenen **Eindeutigkeitsregel** für Prüfungsfragen folgend, sind diese beiden Möglichkeiten selbstverständlich NICHT die gesuchte Lösung.
Hier ein praktisches Beispiel für Theorie-Allergiker: Würde das IMPP danach fragen, welche Frucht gelb ist und als Lösungsmöglichkeiten sowohl Orange als auch Apfelsine anbieten, kann weder die Apfelsine noch die Orange die gesuchte Lösung sein.

Wer pfiffig genug ist, die Synonyme auszumachen und als Richtigantwort auszuschließen, steigert damit seine Ratewahrscheinlichkeit von 20% auf immerhin 33%.

Beispiel:
Die Intelligenzunterschiede zwischen zwei Personen werden im HAWIE abgebildet auf einer:
A) Ordinalskala
B) Nominalskala
C) Intervallskala
D) Absolutskala
E) Verhältnisskala
Da Absolutskala (= D) und Verhältnisskala (= E) dasselbe bedeuten, kommen als Lösung nur noch die Antwortmöglichkeiten A – C in Frage. In diesem Fall ist die gesuchte **Lösung C**.

Noch ein Beispiel für ganz Schlaue:
Zwei Enzyme konkurrieren um ein Substrat. Der Hauptteil des Substrats wird umgesetzt vom Enzym mit
A) der größten Molmasse
B) dem höheren KM-Wert
C) der höheren Aktivität und dem niedrigeren KM-Wert
D) der niedrigeren Aktivität und dem höheren KM-Wert
E) der größten Spezifität für das Substrat
Dies ist eine (Rate-)Expertenfrage, bei der durch die Anwendung von zwei MC-Strategien die Ratewahrscheinlichkeit auf 100% nach oben katapultiert werden kann:
- Wegen ihrer **gegensätzlichen Formulierung** (s. 4.2.6, S. 27) kann man die gesuchte Richtigantwort von vornherein auf die Alternativen C und D eingrenzen.
- Da sowohl in Lösung B als auch in Lösung D vom höheren KM-Wert die Rede ist, können wir – **Synonym**-sei-dank – Antwortmöglichkeit C eindeutig als Richtigantwort identifizieren. Ein 100%-Treffer – selbst bei 0 Fachwissen!

4.2.10 Ausgezählt! Statistische Ratehilfe

Bei Reihenfolgefragen (z.B. Stoffwechselkaskaden, Bedürfnishierarchie, Entwicklungsphasen) könnt ihr die Lösung statistisch ermitteln, indem ihr in einem ersten Schritt Spalte für Spalte die häufigste Nennung markiert und euch dann im zweiten Schritt für die Zeile mit den meisten Markierungen als Lösung entscheidet. Der Grund, weshalb derartige Häufigkeitsanalysen nicht selten zur gewünschten Lösung führen, ist wieder einmal in der Arbeits- und Denkweise des Fragenstellers zu finden: Dieser verwendet all seine Energie und Konzentration auf die Generierung der richtigen, eindeutigen und damit unanfechtbaren Lösung. Für die Schaffung falscher Reihenfolgen bleibt da natürlich nicht mehr viel Phantasie übrig mit dem Erfolg, dass sich die falschen Reihenfolgen gegenüber der richtigen Reihenfolge jeweils nur in ein oder zwei Positionen unterscheiden.

Beispiele:
Ordnen Sie die genannten Enzyme in der Reihenfolge ihrer Beteiligung an der DNA-Replikation.
1) DNA-Ligase
2) DNA-Polymerase
3) RNA-Polymerase
4) Ribonuclease

Spalte	1	2	3	4	Anzahl Sterne
A)	1	2*	3*	4	2
B)	4	2*	3*	1*	3
C)	3*	2*	4*	1*	**4**
D)	2	3	4*	1*	2
E)	3*	2*	1	4	2

Schritt 1: Spaltenweises Markieren der am häufigsten genanten Zahl mit einem Sternchen (z.B. in Spalte 1 die Zahl 3).
Schritt 2: Zeilenweises Zusammenzählen der Sternchen für die Antworten A) bis E).
Die **Lösung ist C**: Über die Zeile gezählt hat sie die meisten Markierungen.

Bringen Sie die folgenden Glieder der intrazellulären Signalkette der Beta-adrenergen Hormonwirkung in die richtige Reihenfolge:
1) Aktivierung der Adenylatcyclase
2) Anstieg der Konzentration des cAMP
3) Bindung von GPT (Guanintriphosphat) an Gs-Protein
4) Hormon-Rezeptor-Bindung
5) Proteinphosphorylierung
6) Aktivierung von Proteinkinase

A) 4 → 3 → 1 → 2 → 6 → 5
B) 3 → 4 → 1 → 2 → 6 → 5
C) 4 → 3 → 2 → 1 → 6 → 5
D) 4 → 3 → 1 → 2 → 5 → 6
E) 4 → 6 → 3 → 1 → 2 → 5
Lösung A

DAS BRINGT PUNKTE

Vermeidet unnötige Fehler und

- bearbeitet die Aufgaben **der Reihe nach**, zieht keine Fächer vor.
- **markiert alle Aussagen** zunächst unabhängig vom Fragetyp, entscheidet euch dann bei einer „Trifft-zu-Frage" für die **richtige** und bei einer „Trifft-nicht-zu-Frage" für die falsche Aussage.
- übertragt die Lösung **sofort** auf den Computerbogen und wartet damit nicht bis zum Ende der Prüfungszeit.
- kreuzt auch bei Aufgaben, die ihr zunächst zurückstellen wollt, eine Lösung auf dem Computerbogen.
- haltet euch **nicht zu lange** an einzelnen Aufgaben auf und entscheidet euch spätestens nach 3 Minuten (der doppelten durchschnittlichen Bearbeitungszeit) für eine Lösung,
- **kontrolliert euer Timing** und setzt „Zeitbojen", indem ihr neben Aufgabe 45, 85 und 125 jeweils Stundenmarken setzt, anhand derer ihr messt, wie gut ihr in der Zeit liegt.
- macht stündlich kurze Pausen, um eure Konzentrationsfähigkeit aufrecht zu erhalten.
- korrigiert am Ende keine Fragen mehr. Am Klausurende ist die Konzentrations- und Leistungsfähigkeit so weit herabgesetzt, dass vormals richtige Lösungen im Nachhinein meist verschlimmert werden.

Ratet gekonnt und bedenkt, dass

- „(E) keine der Aussagen (A)–(D) trifft zu" in 31% der Fälle die gesuchte richtige Lösung ist.
- relativierende Formulierungen (wie „kann" und „selten") signifikant häufiger in richtigen Aussagen vertreten sind. Bei Trifft-zu-Fragen sind sie daher ein Hinweis auf die richtige Lösung.
- absolute Formulierungen (wie „muss" und „nie") signifikant häufiger in falschen Aussagen vertreten sind. Bei Trifft-nicht-zu-Fragen sind sie daher ein Hinweis auf die richtige Lösung.
- Satzzeichen (= Gedankenstriche, Kommata, Klammern etc.) sich häufiger in richtigen Aussagen finden.
- bekannte Fachausdrücke sich häufiger in richtigen Aussagen finden, ungewöhnliche oder selten gebrauchte Wörter dagegen häufiger in falschen Aussagen.
- lange Sätze häufig richtige Aussagen kennzeichnen.
- ähnliche Formulierungen zweier Antwortalternativen darauf hindeuten, dass eine der beiden die richtige Lösung ist.

5 Effektive Vorbereitung auf die mündliche Prüfung

Auf Augenhöhe mit dem Prüfer:
Die mündliche Prüfung ist für die meisten Studenten der Stoff, aus dem die Alpträume sind. Zahlreiche Frontberichte vergangener Prüfungsjahrgänge legen den Schluss nahe, die mündliche Prüfung sei gewissermaßen ein „freestyle event", deren Ausgang nicht von fachlicher Leistung, sondern vielmehr von der Subjektivität und Willkür des Prüfers abhinge. Dieser hohe Grad an Unkalkulierbarkeit ist es, der Angstphantasien nährt und erwachsene Prüflinge mitunter zu ängstlich brabbelnden Kindern mutieren lässt. Höchste Zeit also, sich einmal eingehend mit dem Prüfungsgespräch zu beschäftigen ...

5.1 Prüfen und plauschen

Die mündliche Prüfung ist eine Kommunikation im direkten menschlichen Kontakt. Ergo greifen hier genau dieselben Mechanismen, die in jeder direkten Gesprächssituation wirksam sind.
Da wir einen großen Teil unseres Lebens mit Reden verbringen, sind wir alle in Sachen Kommunikation regelrechte Profis. Aufgrund jahrelanger Gesprächspraxis verfügen wir nämlich über ein erlerntes Verhaltensprogramm zur erfolgreichen Gesprächsführung. So sind wir beispielsweise schon als Kinder in der Lage, unsere Eltern davon zu überzeugen, dass das Barbie-Mobil nicht etwa ein Haufen rosa Plastikschrott ist, sondern das entscheidende Requisit, um aus uns einen glücklichen Menschen zu machen.
Doch leider ist uns in der Regel **nicht bewusst**, welche Strategien wir im einzelnen anwenden, um unsere Gesprächsziele zu erreichen. Wollen wir das Prüfungsgespräch erfolgreich meistern, wird es jedoch höchste Zeit, das zu ändern!

5.2 Schein oder Sein? Die offiziellen und inoffiziellen Inhalte des Prüfungsgesprächs

Wer kennt sie nicht, die Vielschwaller, Dünnbrettbohrer, Vertreternaturen, die trotz minimaler Fachkenntnisse den Prüfer derart betören, dass sie mit stolz geschwellter Brust und einer passablen Beurteilung den Prüfungsraum verlassen. Eine schreiende Ungerechtigkeit und Dokument professoraler Willkür? Nicht unbedingt, denn genau hier liegt der Schlüssel zum Erfolg. Es kommt nämlich nicht (allein) darauf an, das erforderliche Fachwissen zu besitzen, vielmehr muss man in der Lage sein, dem Prüfer dessen Vorhandensein überzeugend zu **präsentieren**.

MERKE:
Jede menschliche Kommunikation verläuft gleichzeitig auf zwei Ebenen, der Vernunft- und der Gefühlsebene.

Den Nachweis unserer fachlichen Qualifikation erbringen wir im Idealfall über unsere inhaltlichen Äußerungen, die der Prüfer auf der Vernunftebene wahrnimmt und bewertet.
Während in der Anonymität der Prüfungsklausur ausschließlich die sachlich korrekte Aussage über Erfolg oder Misserfolg entscheidet, wird in der mündlichen Prüfung jedoch nicht nur das Fachwissen, sondern auch die **Person des Kandidaten** einer Beurteilung unterzogen. Der Kandidat muss nämlich nicht nur beweisen, dass er über die seinem Ausbildungsstand entsprechenden geforderten fachlichen Qualitäten, sondern auch über die charakterliche Eignung eines Arztes in spe verfügt. Hierzu zählen z.B. Selbstsicherheit, Belastbarkeit, angemessene Umgangsformen etc. All dies vermittelt der Prüfling unbewusst und zumeist durch Signale auf der non-verbalen Ebene, wie durch seine äußere Erscheinung, seine Sprache oder Körperhaltung.

Ein interessantes Detail in diesem Zusammenhang ist die kommunikationswissenschaftliche Erkenntnis, dass die **Gefühlsebene** im Gespräch die Wahrnehmung auf der **Vernunftebene maßgeblich beeinflusst**. Grund hierfür ist, dass beim Erstkontakt zwischen zwei Fremden ein Verhaltensprogramm abläuft, dass noch aus grauer Vorzeit stammt und in einer potentiell feindlichen Umwelt (Säbelzahntiger, feindliche Stämme...) menschliches Überleben sichern sollte. Im Sinne einer „fight-or-flight-Entscheidung" musste blitzschnell eine Einschätzung der Situation bzw. des Gegenübers vorgenommen werden, die das weitere Handeln bestimmte.
Exakt diese Orientierungsreaktion läuft auch heute noch in uns ab, und da diese Orientierung nur wenige Sekunden dauert, liegt die Vermutung nahe, dass unsere hauptsächlichen Informationsquellen non-verbaler Natur sind.
Ergänzt wird diese Erkenntnis durch Forschungsergebnisse aus der Wahrnehmungspsychologie, die besagen, dass jeder Mensch bestrebt ist, für Annahmen, die er zu Beginn einer Kommunikationssituation gemacht hat, im Gesprächsverlauf weitere Indizien zu finden.
Entgegen anders lautender Gerüchte ist ein Prüfer auch nur ein Mensch, d.h. auch seine Wahrnehmung und Meinungsbildung folgt den oben beschriebenen Mechanismen.
Hat man sich dies vergegenwärtigt, kann man sich gezielt auch auf diesen wichtigen Aspekt des Prüfungsgesprächs vorbereiten.

5.3 Tasten und testen: Die Begrüßungsphase

In der Begrüßungsphase tasten sich die Gesprächspartner aneinander heran. Es entsteht ein erster Eindruck vom Prüfling, ein „Vor-Urteil", für das der Prüfer im weiteren Gesprächsverlauf versuchen wird, immer neue Belege zu finden. Zur Not wird das Gehörte/Gesehene im Unterbewusstsein kurzerhand passend gemacht, um eventuelle Disharmonien zwischen Vernunft- und Gefühlsebene zu beseitigen.
Da die Begrüßungsphase sehr knapp und wortarm ist, entsteht der prägende Erst-Eindruck (primacy effect) hauptsächlich aufgrund der vom Prüfling vermittelten **non-verbalen Signale**. Unter Berücksichtigung dieser Tatsache können die folgenden Tipps den Prüfer positiv auf uns einstellen:

5.3.1 Kleidung und äußere Erscheinung

Die äußere Erscheinung am Prüfungstag sollte dem formalen Anlass einer Prüfung gerecht werden. Textile Demonstrationen der eigenen Individualität sollten aus taktischen Gründen entfallen. Ratsam ist dagegen, sich für einen möglichst optimalen Kompromiss zwischen den Anforde-

rungen der Prüfungssituation und den eigenen Vorstellungen zu entscheiden, damit uns am Tag X nichts aus der Fassung bringt.
Auch kann es nicht schaden, das Prüfungsoutfit Probe zu tragen. Auf diese Weise können wir unser äußeres Erscheinungsbild mit unserem Selbstbild in Einklang bringen. Dieser scheinbar alberne Mummenschanz hat einen durchaus ernsthaften Hintergrund, denn: Wer sich in der Prüfung irgendwie verkleidet, in seiner Bewegungsfreiheit eingeschränkt oder lächerlich fühlt, könnte ungewollt die falschen Signale in Richtung Prüfer aussenden...

5.3.2 Körperhaltung und Auftreten

Die Haltung des Körpers ist eine der wichtigsten Strategien, um bewusst Kompetenzsignale zu senden. Entspanntheit und Selbstbewusstsein als positive Verhaltensmerkmale können durch eine kontrollierte Körperhaltung zum Ausdruck gebracht werden. Bewegt man sich beim Betreten des Prüfungsraums auf den Prüfer zu, sollte der **Gang im Tempo** gemäßigt sein und eine bewusst **aufrechte Haltung** Dynamik und Selbstbewusstsein signalisieren.
Probiert unterschiedliche Gangarten im Hinblick auf Tempo und Anspannung aus, indem ihr auf euer Spiegelbild zugeht und es als imaginären Prüfer begrüßt. Die zunehmende Routine führt zur Entspannung, so dass sich das gewünschte Kompetenzsignal von allein einstellt.
Später kann das Gangtraining um die Komponente **Blickkontakt** erweitert werden. Geht auf den „Prüfer" im Spiegel zu und versucht, dem Blickkontakt standzuhalten. Dem Gegenüber in die Augen sehen zu können, signalisiert Ebenbürtigkeit und hilft dabei, als Gesprächspartner und nicht als Opfer gesehen zu werden. Bitte das Lächeln nicht vergessen, ansonsten wirkt ein fester Blick aggressiv und der Prüfer könnte sich aufgefordert fühlen zu zeigen, wer der Herr im Haus ist...
Probiert verschiedene **Sitzpositionen** aus! Benutzt auch hier euer Spiegelbild als Kontrolle. Ziel ist es, eine Sitzposition zu finden, die Selbstbewusstsein und Entspanntheit ausdrückt, z.B. mit übereinander geschlagenen Beinen, die Hände lose im Schoß oder entspannt auf dem Tisch. Die ideale Sitzposition vermeidet häufige Korrekturen (gern als nervöses Gezappel = Unsicherheit interpretiert).

Übrigens...

Noch ein wichtiger Hinweis: Immer wieder versuchen Prüflinge, einen **Mitleidsbonus** bei ihrem Prüfer zu ergattern, indem sie ihre Nervosität und Unsicherheit nur allzu deutlich zur Schau stellen. Leider verfehlt diese Strategie in den meisten Fällen ihren Zweck, da Verhalten stets spiegelbildliches Verhalten provoziert. Will heißen: Einem vermeintlichen Opfer gegenüber wird der Prüfer eher als Täter agieren, während ein potentieller Gesprächspartner eher zu partnerschaftlichem Verhalten animiert. [„Kehle-zeigen" funktioniert leider nur in der Tierwelt mit einiger Zuverlässigkeit...]

5.4 Sauber starten: Das „Warming-up"

Als Warming-up bezeichnet man die Phase im Prüfungsgespräch, in der die ersten inhaltlichen Äußerungen getroffen werden. Zur Annäherung und zum Stressabbau stellt der Prüfer hier in der Regel eine offene Eingangsfrage. Das bedeutet: Der Prüfling hat den aktiven Sprecherpart und verfügt bei der Antwortgestaltung sowohl zeitlich als auch inhaltlich über einen maximalen Freiheitsgrad, indem er allein entscheidet, WAS und WIEVIEL er erzählt. Dieses Angebot ist eine einmalige Gelegenheit, **sicheres Wissen effektvoll zu präsentieren**, während die weißen Flecken auf unserer thematischen Wissenskarte gekonnt umgangen werden.
Das Warming-up ist beendet, sobald der Prüfling seinen Redefluss unterbricht oder durch signifikante fachliche Fehler den Prüfer aktiviert. Euer Verhaltensziel in dieser Phase muss es daher sein, ein Maximum an Prüfungszeit durch selbst bestimmtes Sprechen zu verbrauchen und eine vorzeitige Einmischung des Prüfers zu verhindern.
Hier eine Auswahl geeigneter Strategien:

5.4.1 Sprechtempo kontrollieren

In ihrer Aufregung neigen die meisten Prüflinge dazu, ihr Sprechtempo auf das doppelte Alltagsmaß zu erhöhen. Leider ist man bei einem solchen Tempo auch genötigt, die doppelte Menge an Information zu liefern. Das Ergebnis: Ist das zur Beantwortung der Prüferfrage vorhandene Fachwissen begrenzt, hat man vorzeitig seine Munition verschossen und der Prüfer übernimmt den aktiven Part. Außerdem kann die doppelte Menge an Informationen auch die dop-

pelte Menge potentieller Fehler enthalten, was den gewollten Eindruck unserer Fachkompetenz nicht unbedingt unterstreicht...
Das Mittel der Wahl ist hier eine bewusste Kontrolle des eigenen Sprechtempos. **Langsames Sprechen** verbraucht Prüfungszeit, hat einen selbstberuhigenden Effekt und suggeriert darüber hinaus Selbstbewusstsein.

Übrigens...

Das Sprechtempo lässt sich durch folgende Übung bewusst verlangsamen: Sprecht euch in eurem normalen Sprechtempo einen kurzen Text vor, den ihr auswendig hersagen könnt. Stoppt die Zeit und versucht in den folgenden Durchgängen, die Sprechzeit möglichst zu verdoppeln.
Versucht auch im Alltagsgesprächen, sooft ihr daran denkt, euer Sprechtempo gezielt zu verlangsamen. Ihr werdet die Erfahrung machen, dass ihr euch besser konzentrieren könnt, euch insgesamt entspannter fühlt und dass eure Zuhörer aufmerksamer sind als üblich.

5.4.2 Antworten sinnvoll strukturieren

Verfahrt bei euren Antworten grundsätzlich nach der Faustregel *Skelett vor Detail*. Eine vom Allgemeinen zum Speziellen voranschreitende Antwortstruktur erlaubt euch, ein Maximum an Prüfungszeit selbst bestimmt zu gestalten und eine vorzeitige Einmischung des Prüfers zu verhindern. Je mehr ihr (quantitativ) zu sagen habt, desto deutlicher gelingt es euch, (Fach-)Kompetenz zu suggerieren. Es sei allerdings angemerkt, dass eine unabdingbare Erfolgsvoraussetzung für diese Strategie die fachliche Korrektheit eurer Äußerungen ist.

Als Übung könnt ihr euch eine Zusammenstellung der großen Themen in den prüfungsrelevanten Fächern anfertigen (z.B. Physiologie = Niere, Hormone...). Kleidet dann diese Themen in eine offene Eingangsfrage (z.B. „Erzählen Sie mir doch mal etwas über...") und gebt euch selbst die Antwort, indem ihr bewusst vom Allgemeinen zum Speziellen voranschreitet. Notiert euch, an welcher Stelle ihr ins Stocken kommt und versucht, beim nächsten Durchgang einen geeigneten Anschluss zu finden. Wenn eure Phantasie ein wenig Starthilfe benötigt, geht einfach das Inhaltsverzeichnis eines beliebigen Lehrbuchs unter der Fragestellung durch: Was würde ich sagen, wenn mich der Prüfer fragt: „Erzählen Sie mir etwas zu (Überschrift aus dem Inhaltsverzeichnis)?"
Führt als Training in eurer Arbeitsgruppe eine Simulation dieser Gesprächsphase durch. Lasst euch eine offene Eingangsfrage stellen und bittet die anderen, sich überall dort mit Fragen einzuschalten, wo eine Nachfrage erforderlich scheint. Je länger ihr dann ungestört reden könnt, desto besser ist eure Antwortstruktur.

5.4.3 Mit Pausen richtig umgehen

Die meisten Prüflinge fühlen sich während des Prüfungsgesprächs permanent unter Zeitdruck. Folglich hasten sie durch die Themen, bis schließlich ihr Sprechen das Denken überholt und sich der Prüfer regulierend einschalten muss.
Sprechpausen scheinen tabu, dabei haben Pausen eine überaus wichtige Funktion im Prüfungsgespräch. Schließlich geben sie dem Prüfling die nötige Zeit, seine Gedanken zu ordnen und fördern so einen logisch-stringenten Vortrag.
Um den Sprecherpart und damit die aktive Gesprächssteuerung im Warming-up möglichst lange zu behalten, muss jedoch verhindert werden, dass der Prüfer die eingeschobenen Pausen als Startsignal missdeutet.

Übrigens...

Versucht einfach als Übung ein Gefühl dafür zu bekommen, welche Pausenlänge vom Prüfer toleriert wird. Bittet eure Arbeitsgruppe, euch zu prüfen und setzt bewusst Pausen, ohne die Mitspieler über euer Trainingsziel zu informieren. Achtet im Prüfungsverlauf dann jeweils auf die Pausenlänge bis zur nächsten Prüfereinmischung. Auf diese Weise gewinnt ihr ein sicheres Gefühl für die zeitliche Angemessenheit von Sprechpausen.

Solltet ihr in der Prüfung eine Pause zum Nachdenken brauchen, sollte dies unbedingt kommentiert werden, um den Prüfer von der Übernahme des Sprecherparts abzuhalten. Am besten legt man sich schon während der Prüfungsvorbereitung eine Formulierung für diesen Fall zurecht, damit man im Ernstfall nicht durch sprachliche Improvisationen ins Trudeln kommt (z.B. „Entschuldigen Sie bitte, ich muss ganz kurz meine Gedanken ordnen ...").
Den höchsten Stressfaktor im Prüfungsgespräch haben Pausen, weil man auf Anhieb keine Antwort parat hat. Versucht an dieser Stelle „laut zu

denken", d.h. lasst den Prüfer an eurer Antwortfindung teilhaben. Bemüht euch, auf der Basis euch bekannter Fakten eine Antwort herzuleiten. Immerhin ist dieses Verfahren besser als ein vorschnelles Passen, da ihr auf diese Weise wenigstens in Teilbereichen eure Kompetenz dokumentieren könnt.

5.4.4 Laut und deutlich sprechen

Die Sprachqualität (Lautstärke, Intonation, Tempo) ist ein überaus deutliches Kompetenzsignal. Mit dem vorrangigen Ziel, in dieser Prüfungsphase eine vorzeitige Prüfereinmischung zu verhindern, ist insbesondere die **Lautstärke** von großer Bedeutung. Eine laute und klare Aussprache kann z.B. verhindern, dass der Prüfer eure Ausführungen rein akustisch nicht versteht und sich deshalb mit einer Frage einschaltet. Nicht selten wird damit eine ganze Kaskade von Missverständnissen in Gang gesetzt:
Durch die Prüferfrage verunsichert, glaubt ihr möglicherweise einen Fehler gemacht zu haben und euer Vortrag kommt abrupt zum Stillstand. Das wiederum missdeutet der Prüfer als Unwissen und hakt entweder mit Detailfragen zum Thema nach oder geht zum nächsten Thema über – allerdings nicht ohne sich ein entsprechendes Minus zur vorangegangenen Performance vermerkt zu haben...
Abgesehen davon suggeriert eine angemessene Lautstärke, dass ihr hinter dem steht, was ihr sagt und ist damit eine eindeutige Dokumentation von Selbstbewusstsein und Kompetenz. Und bitte keine falsche Scheu: Eine geflüsterte Falschantwort (womöglich noch mit einem intonatorischen Fragezeichen am Ende) ist mit Blick auf die Endbeurteilung nicht weniger gravierend als eine laut und deutlich vorgetragene.

5.5 Die heiße Phase: Das „Frage-Antwort-Spiel"

Nach dem offenen Einstieg beginnt üblicherweise das „Frage-Antwort-Spiel", das sich unangenehmerweise durch eine verstärkte Aktivität und Dominanz des Prüfers auszeichnet.
Während die allgemein gehaltenen Fragen des Warming-up eher auf das Abfragen von Grundlagenkenntnissen zielten, geht es nun verstärkt in den Detailbereich.
Euer vorrangiges Ziel in dieser Phase sollte es daher sein, die Zahl der Prüferfragen möglichst gering zu halten und auch deren Tiefenreichweite auf ein für euch vertretbares Maß zu begrenzen. Hier einige Vorschläge zum strategischen Vorgehen:

5.5.1 Antworten sinnvoll strukturieren

Wie schon in der Frühphase des Prüfungsgesprächs sollten auch jetzt die Antworten generell vom Allgemeinen zum Speziellen strukturiert werden. Grundlage dieser Faustregel ist die Erkenntnis, dass jede unserer fachlichen Äußerungen ein potentielles Angebot an den Prüfer darstellt, uns mit weiterführenden Fragen auf den Zahn zu fühlen. Die wenigsten Prüfer verfügen nämlich über einen vorgefertigten Fragenkatalog und greifen daher dankbar jede Anregung für die weitere inhaltliche Gestaltung des Prüfungsgesprächs auf.
Um die Prüfungsthemen und die Fragerichtung des Prüfers steuern zu können, solltet ihr zunächst nur relativ allgemeine Aussagen treffen, um euch dann nach und nach zu spezielleren Themenaspekten vorzuarbeiten. Hakt der Prüfer auf der oberen Ebene ein, stehen euch bei dieser Vorgehensweise noch genug Detailinformationen zur Verfügung, um Rede und Antwort stehen zu können. Verfahrt ihr umgekehrt, lauft ihr Gefahr, dass die zuerst angebotenen Details zum Ausgangspunkt für noch detailliertere Prüferfragen werden, so dass ihr womöglich vorzeitig passen müsst. Eine überzeugende Darstellung eurer Fachkompetenz wird dann vermutlich schwer fallen...

5.5.2 Das Prüfungsgespräch steuern

Wer sein Gesicht in der Detailfragerunde wahren will, sollte möglichst **kontrollierte Antworten** geben, um sich ein Mindestmaß an thematischer Steuerung zu sichern. Nur so besteht die Möglichkeit, Nicht-Gewusstes dezent zu verschweigen und stattdessen sicher Gewusstes zu thematisieren. Aus diesem Grund sollten in den Antworten ausschließlich Angaben (z.B. Mengen, Größen, Fachtermini) gemacht werden, die bei näherer Nachfrage auch genauer erläutert werden können. Andererseits können Details auch gezielt eingeflochten werden, um den Prüfer zu Nachfragen zu provozieren und dann fachlich zu glänzen.

Übrigens...
Auch hier lässt sich die Fähigkeit zur Gesprächssteuerung am besten in der Arbeitsgruppe trainieren, indem man versucht, fachliche Köder auszulegen und beobachtet, wann und wie der „Prüfer" reagiert.

5.5.3 Antwortspielräume ausbauen

Weniger Prüferfragen bedeuten mehr Antwortspielräume für den Prüfling. Gleichzeitig erlaubt die quantitative Minimierung der Prüferfragen dem Kandidaten besser zu steuern, was er darstellen will oder kann, so dass sich die Gefahr, bei Lücken ertappt zu werden, erheblich verringert. Und nicht zuletzt bedeutet ein selbst bestimmtes und möglichst ausgedehntes Gestalten von Prüfungszeit, dass weniger Themen/Gebiete abgefragt werden können.

- Gewöhnt euch daher in Prüfungssimulationen an, grundsätzlich in **ganzen, zusammenhängenden Sätzen** zu antworten. Klingt banal, ist es aber nicht, zumal sich unter dem Eindruck der Prüfungssituation so manch forscher Redner zum einsilbigen Stammler wandelt.
- Denkt daran, dass (selbst richtige) Stichworte häufig geraten wirken und bei der Endbeurteilung im ungünstigsten Fall als bloßes Fragmentwissen eingestuft werden.
- Kombiniert die Strategie der ausführlichen Formulierungen mit einer bewussten Kontrolle des Sprechtempos, um bei euren Antworten möglichst viel Prüfungszeit zu verbrauchen.
- Trainiert die inhaltliche Strukturierung eurer Antworten unter dem Aspekt der Nachvollziehbarkeit. Sollte sich aus der Prüferperspektive ein roter Faden vermissen lassen, ist mit häufigen und vorzeitigen Einmischungen und damit mit dem Verlust des Sprecherparts zu rechnen.

5.5.4 Sich auf den Prüfer einstellen

In der heißen Phase des Prüfungsgesprächs sollte jede unnötige Spannung zwischen Prüfer und Prüfling vermieden werden. Aus diesem Grund muss der Kandidat versuchen, sich möglichst schnell auf den Fragestil des Prüfers einzustellen. Ausschweifende Antworten werden den Stichwort-Frager ebenso in Wallung bringen wie Telegrammstil-Antworten den offenen Frager. Die Konsequenz einer missglückten Einstellung auf den Prüfer ist in der Regel das vorzeitige Abkappen der Prüflingsbeiträge. Dadurch werden Selbstbewusstsein und Konzentrationsfähigkeit des Kandidaten unterminiert. Darüber hinaus könnte der Prüfer unbewusst die Unfähigkeit zur Verhaltenseinstellung mit einer allgemeinen bzw. fachlichen Unsicherheit assoziieren.
Spielt daher in Prüfungssimulationen verschiedene Prüfertypen durch mit dem Trainingsziel, eure Antworten möglichst schnell dem Fragestil des Prüfers anzupassen. Fertigt dazu z.B. eine Kurzbeschreibung verschiedener Prüfertypen an. Ein Mitglied der Lerngruppe wählt dann heimlich einen Prüfertypen aus, den er in der folgenden Simulation verkörpern will. Nach der „Prüfung" beurteilt der Prüfer das Anpassungsvermögen des Kandidaten und gibt ggf. Hinweise zur Optimierung des Antwortstils.

Prüfertyp	Merkmale
Der Unaufmerksame	gibt kein sichtbares Feedback, verunsichert durch scheinbare Gleichgültigkeit.
Der offene Frager	stellt allgemeine Fragen; ist zufrieden, solange der Kandidat fließend vorträgt und keine allzu gravierenden Fehler macht.
Der Besserwisser	verunsichert dadurch, dass er jede Antwort präzisiert.
Der Sarkast (= „Spaßvogel")	unterstreicht seine überlegene Position, indem er die Beiträge oder die Person des Prüflings ironisch kommentiert.
Der Philantrop	versucht aus jedem Prüfling das Beste herauszuholen, gibt Anhaltspunkte und Hilfestellungen.
Der Dynamische	legt ein atemberaubendes Tempo vor, stellt oft mehrere Fragen gleichzeitig und erwartet kurze und präzise Antworten.

Tabelle 10: Beispiele für Prüfertypen

5.5.5 Mut zur Lücke

Irgendwann kommt in den meisten Prüfungen der Punkt, an dem statt der gewünschten Antwort nur Fragezeichen vor unserem geistigen Auge erscheinen. In Panik greifen viele Kandidaten dann automatisch auf Strategien zurück, die noch aus dem Fundus ihrer Schülerzeit stammen und nicht nur deshalb der Vergangenheit angehören sollten. Formulierungen wie „Also, Sie können mir glauben, vorhin habe ich es noch gewusst!" oder „Im Augenblick komme ich einfach nicht drauf..." kennt ein Prüfungsprofi in- und auswendig, ebenso ihren Hintergrund.

Günstiger ist es hier, mit offenen Karten zu spielen und mit einer Bemerkung wie „Tut mit leid, da bin ich im Augenblick überfragt..." eine neue Spielrunde einzuleiten. Sicherlich wird dieses Wissensdefizit in irgendeiner Weise vermerkt, aber anstatt wertvolle Prüfungszeit zu vergeuden, wird der Prüfer auf ein anderes Thema umschwenken, bei dem die verlorenen Punkte mit einer fairen Fifty-fifty-Chance wieder wettgemacht werden können.

BASICS MÜNDLICHE

Hier noch einmal kurz und kompakt die Faustregeln für die mündliche Prüfung im Überblick.

Bei der **Antwortstrukturierung** solltet ihr Folgendes beherzigen:

- Grundsätzlich vom Allgemeinen zum Speziellen vorarbeiten.
- Nicht nur Stichworte liefern, da sonst sofortige Übergabe der Gesprächssteuerung an den Prüfer; außerdem: Eindruck der fachlichen Desorientiertheit möglich.
- Keine bloße Aufzählung von Fakten. Jedes Stichwort liefert Ansatzpunkte für Prüferfragen. Stattdessen funktionelle Darstellung bevorzugen (= Was macht xy? Welche Funktion hat es im Körper? Zusammenhänge mit anderen xy?)

Grundsätzlich solltet ihr bei euren **Antworten** daran denken:

- Negativ wertende Reaktionen auf Prüferfragen zu vermeiden (z.B. „Oh Gott", Augen verdrehen, Stöhnen, Seufzen etc.), da dies signalisiert „Ich habe von dem Thema nicht die leiseste Ahnung."
- Eigene Formulierungen durchhalten. Präzisierungen und Verbesserungen erst im Folgesatz vornehmen. Grund: Abgebrochene Formulierungen mit anschließenden Pausen und Neuansätzen signalisieren allgemeine und fachliche Unsicherheit.
- Antworten intonatorisch nicht wie Fragen erscheinen lassen. Grund: Selbst richtige Antworten werden so nicht mehr positiv gewürdigt, sondern erscheinen geraten.
- Keine „Ein-Wort-Antworten!" Der Prüfling sollte möglichst viel Sprechzeit selbst verbrauchen, um die Anzahl der Prüferfragen gering zu halten.

Im Falle **steigender Nervosität** oder bei **Gefahr eines Blackouts** solltet ihr

- das Sprechtempo verlangsamen (= hat selbstberuhigenden Effekt und fördert die Konzentration).
- um Bedenkzeit bitten.
- um Zurückstellung bitten.

Mit **Ergänzungen/Verbesserungen** durch den **Prüfer** solltet ihr folgendermaßen umgehen:

- Bei falsch gewähltem Terminus die Korrektur des Prüfers sofort wiederholen. Das lässt einen Fehler als Versprecher erscheinen.
- Positiv auf die Korrektur reagieren. Ein „ach ja" oder „natürlich" als Reaktion auf die Korrektur suggeriert nämlich Nervosität und nicht mangelnde Kenntnis als Fehlerursache.

Habt ihr keine Antwort parat, können euch diese Strategien retten:

- Falls durch Nervosität bedingt: Stichwort vom Prüfer erfragen.
- Falls sicher nicht gewusst: Nach kurzem Zögern passen.
- Herleitungen versuchen, z.B. „Der Begriff sagt mir im Augenblick nichts, aber ich könnte mir vorstellen, dass..." Der Versuch einer fachlichen Einordnung dokumentiert zumindest vorhandenes Fachwissen in der Peripherie und sorgt somit für Schadensbegrenzung.

Bei Doppelfragen/komplexen Fragen solltet ihr:

- Antwortstruktur vorher nennen, da sonst der Prüfer unterbricht, um auf das von ihm favorisierte Stichwort zu kommen („Ich möchte zunächst auf xy eingehen und dann zu z kommen...). Diese Technik hilft auch, die eigenen Gedanken zu ordnen und Panik zu vermeiden.

Relativierungen solltet ihr möglichst vermeiden:

- Antworten, die mit „Ich bin mir nicht sicher, aber ich glaube..." oder „Soweit ich weiß..." beginnen, können nach einer solchen Einleitung unter Umständen als geraten gedeutet werden und fallen bei der Beurteilung nicht positiv ins Gewicht.

Was das Verhalten gegenüber euren Mitprüflingen angeht, solltet ihr

- jegliche Kommentierung fremder Antworten (= verbal und non-verbal) vermeiden.
- durch Zuwendung zum geprüften Kommilitonen Aufmerksamkeit und Interesse am Thema und am Prüfungsgeschehen dokumentieren.

Schlusswort

Liebe Leserinnen und Leser!

Wir hoffen, der vorliegende Einführungsband zu unserer Skriptenreihe konnte euch davon überzeugen, dass ein Erfolg in der Prüfung nicht von Glück, Zufall oder überdurchschnittlichem Talent abhängt, sondern **für jeden** mit überschaubarem Aufwand machbar ist. Ihr werdet feststellen, dass die in diesem Band vorgestellten Lernstrategien eure Prüfungsvorbereitung nicht nur interessant und abwechslungsreich, sondern auch höchst effektiv verlaufen lassen.

Damit ihr auch auf fachlicher Ebene das Optimum erreicht, präsentieren wir den kompletten Prüfungsstoff des Physikums in 30 Bänden: In jedem Band wird ein physikumsrelevantes Thema kurz, verständlich und anschaulich dargestellt. Alle Bände zusammen bilden die optimale Grundlage zum erfolgreichen Absolvieren der Physikumsprüfung.

Wir wünschen euch damit viel Spaß beim Lernen und natürlich viel Erfolg in der Prüfung!

Euer MEDI-LEARN Team

THEORETISCH IST DAS LERNEN JETZT KLAR, ODER? BEVOR IHR MIT DER PRAXIS BEGINNT, GÖNNT EUCH NOCHMAL NE AUSGIEBIGE PAUSE.

Index

A

Alte und neue Approbationsordnung 4
- Gegenüberstellung alte und neue AO 6

Anmeldung zur Prüfung 2

F

Fachbücher 17

G

Gedächtnisgerechtes Lernen 10
- akustisches Gedächtnis 13
- Chunking 15
- Lageristenmodell 10
- episodisches Gedächtnis 15
- Icons und Attribute 16
  - Zigarettenmodell 16
- Mnemotechniken 12
- motorisches Gedächtnis 13
  - Dermatomentanz 13
- visuelles Gedächtnis 12

I

Individuelle Zeitplanung 8
- Grobplanung 9
- Pausen 9
- Planung des Tagesablaufs 9

M

MC-Aufgabenbearbeitung 20

MC-Techniken 23
- abweichende Formulierung 28
- ähnliche Formulierung 26
- Das bringt Punkte 31
- eindeutige Aussagen 24
- Fifty-Fifty-Fragen 26
- gegensätzliche Formulierung 27
- Satzlänge als Lösungshinweis 25
- Sicherheitsabstand 28
- sprachliche Hinweise auf die richtige Lösung 24
- statistische Ratehilfe 30
- Synonyme 29

Mitteilung der Prüfungsergebnisse 2
- Bestehensgrenze 3
- Gesamtnote 4
- Notengrenzen 3

Mündliche Prüfung 31
- Basics Mündliche 37
- Begrüßungsphase 32
- Frage-Antwort-Spiel 35
- offizielle und inoffizielle Inhalte 32
- Warming-up 33

P

Prüfungsformen 1
- mündlicher Teil 1
- schriftlicher Teil 1

R

Richtige Stoffauswahl 7
- Scannen 7

Rücktritt von der Prüfung 2
- Rücktrittsfristen 2
- Rücktritt aus Krankheitsgründen 2

S

5-Schritt-Lesemethode 18

U

Übertragungsfehler 21

W

Widerspruch gegen die Prüfungsergebnisse 4
- Einspruch gegen die mündliche Note 4
- Fragenrügen 4

Dein Maßanzug für das Examen

Die Zeit der Examensvorbereitung hat viele unangenehme Begleiterscheinungen. Neben Versagensängsten und dem vorübergehenden Verlust des sozialen Lebens ist das eklatante Missverhältnis von Lernstoff und Lernzeit wohl das hervorstechendste Merkmal dieser Spaß befreiten Zeit. Wer seinen Prüfungserfolg nicht dem Zufall überlassen will, braucht ein solides Konzept und eine gehörige Portion Organisationstalent. Was ist wichtig und was nicht? Wo sollte ich Lernzeit investieren und welche Themen und Bereiche kann ich zur Not „auf Lücke setzen "?

Der MEDI-LEARN Lernplaner liefert eine durchdachte und erprobte Anleitung für eine erfolgsoptimierte Prüfungsvorbereitung. Ausgehend von der statistischen Examensrelevanz erhältst du einen auf dein Zeitkontingent und deine Vorkenntnisse hin maßgeschneiderten Lernplan – noch dazu zeitsparend auf Knopfdruck im Online-Tool.

Nach Eingabe deiner individuellen Eckdaten wird dein ganz persönlicher Trainingsplan errechnet und im übersichtlichen Kalenderformat ausgegeben. Dabei stehen verschiedene Kalenderformate zur Verfügung.

Der Lernplaner arbeitet auf Basis der von den MEDI-LEARN Examens-Experten gewonnenen Erfahrungen im Bereich professioneller Prüfungsvorbereitung und gibt kompetente Antworten auf die zentralen Fragen der Prüfungsvorbereitung.

Deinen maßgeschneiderten Lernplan kannst du auf den Webseiten von MEDI-LEARN erstellen. Das kostenlose Lernplaner-Tool findest du auf unserer Website unter:

www.medi-learn.de/lernplaner

Eure Meinung ist gefragt

Unser Ziel ist es, euch ein perfektes Skript zur Verfügung zu stellen. Wir haben uns sehr bemüht, alle Inhalte korrekt zu recherchieren und alle Fehler vor Drucklegung zu finden und zu beseitigen. Aber auch wir sind nur Menschen: Ganz sicher sind uns einige Dinge nicht aufgefallen. Um euch mit zukünftigen Auflagen ein weiter verbessertes Skript bieten zu können, bitten wir euch um eure Mithilfe.

Sagt uns, was euch aufgefallen ist, welche Stolpersteine wir übersehen haben oder welche Formulierungen unverständlich waren. Darüber hinaus freuen wir uns natürlich auch über positive Rückmeldungen aus der Leserschaft.

Eure Mithilfe ist für uns sehr wertvoll und wir möchten euer Engament belohnen: Unter allen Rückmeldungen verlosen wir einmal im Semester Fachbücher im Wert von 250,- EUR. Die Gewinner werden auf der Webseite von MEDI-LEARN unter www.medi-learn.de bekannt gegeben.

Eure Rückmeldungen könnt ihr uns einfach per Post an MEDI-LEARN, Olbrichtweg 11, 24145 Kiel schicken oder die Rückmeldungen im Internet über ein spezielles Formular eintragen, das ihr unter der folgenden Internetadresse findet: www.medi-learn.de/rueckmeldungen

Vielen Dank
Euer MEDI-LEARN Team

Optimale Vorbereitung auf die mündliche Prüfung

Die neue Approbationsordnung verleiht den mündlichen und schriftlichen Teilen der Ärztlichen Prüfungen dasselbe Gewicht. Während nach alter AO der mündliche Teil nur ein Drittel der Examensnote ausmachte, geht die mündliche Note nun mit einem Gewicht von 50 % in die Notenberechnung ein.
Neben einem Grundlagenwissen, welches im Rahmen der allgemeinen Prüfungsvorbereitung erworben wird, haben manche Prüfer im Prüfungsgespräch gewisse Vorlieben. Es ist aus nahe liegenden Gründen hilfreich, diese Vorlieben zu kennen. Aus diesem Grunde haben sich an vielen Universitäten mittlerweile Prüfungsprotokollsammlungen etabliert.
Leider kommt es gelegentlich vor, dass diese Sammlungen (wie letztes Jahr in Frankfurt) ganz oder teilweise verschwinden.
MEDI-LEARN hat seit fast 10 Jahren eine Prüfungsprotokolldatenbank aufgebaut. Hier können die Studenten kostenlos auf die dokumentierten Prüfungserfahrungen zurückgreifen.

Diese Datenbank ist jederzeit verfügbar und auch „sabotageresistent". Damit ihr euch ein Bild von unserer Datenbank machen könnt, findet ihr im Folgenden ein Beispiel-Protokoll.

Beispielprotokoll Biochemie
Ganz wichtig und gleich zu Beginn: Formeln mussten wir zum Glück in der Prüfung nicht bis ins kleinste Detail wissen, höchstens mal Harnstoff. Der Prüfer gab dem Ganzen zunächst einen entspannten Rahmen: Er erschien in der Prüfung mit Trekkingsandalen. Im weiteren Verlauf fragte er allerdings ziemlich detailliert und sprang recht hübsch zwischen den Themen herum. Außerdem kam er schnell in Zeitnot, so dass er oft sagte „Das weiß ich ja" und man nur irgendwelche Brocken hinwarf, damit er wusste, dass man das auch weiß.
Die Prüfung bestand aus zwei Abschnitten, in denen jeder einmal an die Reihe kam. Der Prüfer sagte zu Beginn jeder Runde, was er jeden fragen will. Die Bewertung war auch objektiv und fair – wie man sich seinen Prüfer eben so wünscht. In der ersten Runde wurden folgende Themenbereiche gefragt, zu denen ich noch ein paar Stichpunkte in Klammern aufführe: DNA (Was sind Gene? Wie viele? Wie viele Basen? Wie viele Proteine? Was codiert? Spleißen, Spleißosom, Ribozyme), Proteine (Aufbau, Domäne, Motiv, Peptidbindung, Faltungsenzyme, Prolin, Faltungsanomalien), Citratcyclus (aufmalen, anaplerot. Reaktionen, was machen die einzelnen Zwischenprodukte noch so im Stoffwechsel, Lokalisation der Reaktionen, Biotin), Beta-Oxidation (Lokalisation, Regulation, Aktivierung der Fettsäuren, Peroxisomen).
In der zweiten Runde ging es nach einem kurzen Verschnaufer weiter mit folgenden Bereichen, aus Platzgründen führe ich einige wesentliche Stichworte aus: Insulin (grundsätzlicher Aufbau, Wirkungsweise, Regulation, Insulinrezeptor), G-Proteine (Wirkungsweise, Bindung an Membran, Signalkaskade und Signaltransduktion), Erythrozyten (Bildung und Entstehung, EPO mit Entstehung, Rezeptor, Wirkung) sowie der Bereich der Biotransformation (Leberstoffwechsel, Galle, Cytochrome).
Am Ende wurden Fragen zu folgenden Stichpunkten gestellt: Apoptose, Nekrose, Caspasen, Regulation, Davenport (mit Pufferlinie oxigeniertes/desoxigeniertes Blut), Aktivatoren Fibrinolyse, Gerinnungshemmung.
Also: Im Prinzip wurde das gefragt, was auch auf den anderen Protokollen steht – auch wenn ich es nicht glauben wollte, aber es sind irgendwie alles Fragen gewesen, die ich vorher schon mal irgendwo auf Protokollen gelesen hatte. Jedenfalls braucht niemand vor dem Prüfer Angst zu haben: Er hilft, ist echt nett und versucht nicht, einen fertig zu machen, und auch die Zensuren sind recht ordentlich. Keiner von uns schnitt in Biochemie schlechter als mit der Note 3 ab.

Die MEDI-LEARN Prüfungsprotokoll-Datenbank mit einigen tausend Protokollen zum kostenlosen Download findet ihr online unter:
www.medi-learn.de/protokolle

VIP-Faxantwort

Fax-Hotline: 02 21/1 48-2 14 42

Informieren Sie mich bitte zu den folgenden Themen:

☐ **Versicherungsschutz für Auslandsaufenthalte**

☐ Länderinformationen für Auslandsaufenthalte. Land: ______________________

☐ **Absicherung bei Berufsunfähigkeit**

☐ **Haftpflichtversicherung**

☐ Vorklinik ☐ Klinik ☐ Famulatur

☐ **Seminarangebote rund um Prüfungsvorbereitung, Bewerbung und Karriere**

☐ **Sonstiges:** ______________________

____

Name/Vorname Straße/Ort

____

Telefon Fax

____

E-Mail Universität Semester

Ich wünsche eine persönliche Beratung. Bitte melden Sie sich zwecks Terminvereinbarung am günstigsten in der Zeit von ________ Uhr bis ________ Uhr unter der vorgenannten Rufnummer.

______________________ ______________________

Datum Unterschrift

Deutsche Ärzte Finanz
Beratungs- und Vermittlungs-AG
Colonia Allee 10–20 · 51067 Köln
Telefon: 02 21/1 48-3 23 23
Telefax: 02 21/1 48-2 14 42
E-Mail: service@aerzte-finanz.de
www.aerzte-finanz.de

DEUTSCHE ÄRZTE FINANZ

WAS DU HEUTE KANNST ENTFERNEN, BRAUCHST DU MORGEN NICHT ZU LERNEN !!

Bestehensgrenze Physikum Frühjahr vs. Herbst

Es wird immer wieder spekuliert, ob im Herbst oder Frühjahr mit einer höheren Bestehensgrenze im Physikum zu rechnen ist. Wir haben daher über die letzten 13 Jahre die jeweiligen Termine miteinander verglichen. Die Tabelle rechts zeigt, dass keine signifikanten Unterschiede zwischen den Frühjahrs- und Herbstexamina bestehen.

	Frühjahr	Herbst
1994	160	161
1995	161	168
1996	170	160
1997	167	160
1998	175	162
1999	170	160
2000	170	169
2001	162	168
2002	162	170
2003	161	158
2004	164	170
2005	165	176
2006	176	181
2007	174	
Mittel über 13 J.	166,93	166,38

Notengrenzen Physikum

Wenn es euch interessiert, mit welcher Note ihr den schriftlichen Teil abgeschlossen hättet: Wir haben euch über die Jahre die jeweiligen Notengrenzen in Punkten dargestellt.

Termine	H 02	F 03	H 03	F 04	H 04	F 05	H 05	F 06	H 06	F 07
Note 4 *	170	161	158	164	170	165	176	176	181	174
Note 3	207	200	198	203	207	203	211	212	215	210
Note 2	243	238	237	241	244	241	246	247	249	246
Note 1	280	277	277	280	280	278	278	282	283	282

* Bestehensgrenze

Fächerschwierigkeiten

Damit ihr eure Ergebnisse in der Endphase des Kreuzens besser beurteilen könnt, findet ihr in folgender Tabelle die mittleren Ergebnisse aller Physikumsteilnehmer nach Examen und Fach in Prozent. So könnt ihr die Schwierigkeiten der einzelnen Fächer in den jeweiligen Examina ablesen.

Termine	H 02	F 03	H 03	F 04	H 04	F 05	H 05	F 06	H 06	F 07
Physik	46	44	43	45	48	50	59	45	61	50
Physiologie	56	54	51	47	55	54	70	64	74	64
Biochemie*	61	59	62	66	68	61	69	64	70	67
Biologie	68	62	67	50	62	49	59	61	76	62
Anatomie	68	58	60	58	62	59	58	55	65	55
Psych./Soz.	76	71	68	69	78	68	73	65	71	64
Gesamt	64	59	60	59	64	59	65	60	70	62

* mit Chemie